EVA-MARIA BAST | GEORG RUPPELT

Braunschweiger
Geheimnisse

**SPANNENDES AUS DER LÖWENSTADT
MIT KENNERN DER HEIMATGESCHICHTE**

BRAUNSCHWEIGER
ZEITUNG

Bast, Eva-Maria; Ruppelt, Dr. Georg
Braunschweiger Geheimnisse – Spannendes aus der Löwenstadt
mit Kennern der Heimatgeschichte

BRAUNSCHWEIGER ZEITUNG in Kooperation mit:
Bast Medien GmbH, St.-Ulrich-Str. 11, 88662 Überlingen
(verantwortlich)
5. Auflage 2022
ISBN: 978-3-946581-22-2

Copyright: Bast Medien GmbH
Ressortleitung: Heike Thissen
Lektorat: Lena Bast
Covergestaltung: Melanie Kunze
Layout: Homebase – Kommunikation & Design, Melanie Kunze
Grafik: Maps4News & HERE (Karte)
Satz: Carina Regauer
Druck: Mohn Media Mohndruck GmbH, Gütersloh

Ein Titel aus der preisgekrönten Reihe „Geheimnisse der Heimat"

Inhalt

Vorwort

*E*s macht den Reiz von Geheimnissen aus, dass sie zuweilen ans Licht geholt werden und dennoch für einen Hauch geheimnisvoll bleiben. Besonders Städte sind ein wahrer Quell für Legenden, die es zu lüften gilt: Liefern sie uns doch mit all ihren Relikten, Gebäuden und Orten aus alten Zeiten Standbilder längst vergangener Epochen, verkörpern gleichzeitig aber den Wandel, stehen für Vergänglichkeit und Neuanfang.

Für mich, als Kind dieser Region, das leidenschaftlich gern zwischen Harz und Heide zu Hause ist, sind die „Braunschweiger Geheimnisse" mehr als reizvoll: Die 50 spannenden Geschichten aus der Löwenstadt von Eva-Maria Bast und Dr. Georg Ruppelt, jetzt in einer Neuauflage – sie sind mir eine echte Herzensangelegenheit.

Die geheimnisvolle Aura, die jede dieser Geschichten umgibt, zu erspüren und mit eigenem Erleben in Verbindung zu bringen, das macht die Lektüre dieses Werks so besonders. Ja, der Charme von Braunschweig, mit all seinen Traditionsinseln, dem vielen Grün, dem vielen Wasser und des Sommers diesem Hauch von Dolce Vita auf unseren schönen Plätzen – wer ihm erliegt, bleibt dieser Stadt treu. Nicht selten ein Leben lang. Wahre Liebe – manchmal auch erst auf den zweiten Blick. Denn „brüllend" ob all ihrer Stärken kommt die Löwenstadt selten daher, eher etwas zu leise. Dabei greift es viel zu kurz, sich auf die statistische Auflistung der Sehenswürdigkeiten und Attraktionen zu beschränken. Braunschweig verdankt sein Profil seiner Historie, der dynamischen Entwicklung zum Wirtschafts- und Handelsstandort von Rang, dem vielfältigen Kulturangebot sowie der großartigen Forschungs- und Wissenschaftslandschaft. Die Atomuhr der Physikalisch-Technischen Bundesanstalt, der Dom, die Burg, das wiederaufgebaute Schloss, die sagenhafte Kunstsammlung im Herzog Anton-Ulrich-Museum und natürlich auch „unsere Eintracht", mit der wir durch dick und dünn gehen, sind nur einige Punkte auf der Visitenkarte der Oker-Schönen.

Immanuel Kant, einer der bedeutendsten Philosophen, hat Königsberg, das heutige Kaliningrad, wohl nie verlassen. 1724 in der Stadt nahe der Ostsee geboren, ist er dort im Alter von 79 Jahren verstorben. Viele eingefleischte Braunschweiger sind gewissermaßen auch „Kantianer", denn sie fühlen sich in ihrer Heimatstadt und dem Braunschweiger Land und der ganzen Region offenkundig wohl und zuhause. Das im Übrigen ist kein Geheimnis, sondern ein Zeichen von Lebensqualität.

Herzlichst, Ihre

Kerstin Loehr
Chefredakteurin Braunschweiger Zeitung

Die Autoren

Eva-Maria Bast, Jahrgang 1978, arbeitet seit 1996 als Journalistin. 2011 gründete sie mit Heike Thissen das Redaktionsbüro „Büro Bast & Thissen", das 2013 in „Bast Medien" überging. Eva-Maria Bast initiierte und schreibt die Buchreihe „Geheimnisse der Heimat", die 2011 startete, rasch zu einem regionalen Bestseller wurde und die 2017 in 42 Bänden vorliegt. Sie wurde für ihre Arbeit mehrfach ausgezeichnet, unter anderem erhielt sie mit dem Südkurier für die „Geheimnisse" den Deutschen Lokaljournalistenpreis der Konrad-Adenauer-Stiftung in der Kategorie „Geschichte". 2012 begann Bast sich auch der Belletristik zu widmen. Neben zwei Krimis erschien ihre Mondjahre-Trilogie, eine zeitgeschichtliche Jahrhundert-Saga. Seit Juni 2015 ist sie Gastdozentin an der Hochschule der Medien Stuttgart. 2016 erweiterte Bast ihr Verlagsprogramm unter anderem um „Women's History", das erste deutschsprachige Magazin über Frauen in der Geschichte. Eva-Maria Bast lebt mit ihrer Familie am Bodensee.

Dr. Georg Ruppelt, 1947 in Salzgitter geboren, ist freier Autor, Herausgeber und Ausstellungskurator. Er studierte Geschichte und Literaturwissenschaft und promovierte über „Schiller im nationalsozialistischen Deutschland". Er wirkte in Führungspositionen an der Staats- und Universitätsbibliothek Hamburg sowie als Leitender Bibliotheksdirektor an der Herzog August Bibliothek Wolfenbüttel und der Gottfried Wilhelm Leibniz Bibliothek Hannover. Er veröffentlichte zahlreiche wissenschaftliche, journalistische und belletristische Arbeiten – u. a. zum Buch- und Bibliothekswesen, zur Zeit-, Regional- und Literaturgeschichte, insbesondere Science Fiction – und erhielt bedeutende Ehrungen.

Straßenbahnrosetten

Die Sache mit dem Haken

*E*in Haken an einer Hauswand! Und da hinten gleich noch einer! Wunderschön anzusehen sind sie. Aber was haben sie für einen Sinn? Was sollte man an diesen ohne Frage sehr prachtvollen Haken aufhängen? Wer viel in Deutschland unterwegs ist, hat sie vielleicht schon anderswo gesehen – tatsächlich sind sie noch in vielen deutschen Städten erhalten, diese sehr großen Haken, die sich immer irgendwo ziemlich weit oben an Hauswänden befinden und immer zur Straße hin angebracht sind. Es handelt sich um so genannte Straßenbahnrosetten. Die Haken dienten dem Halten der elektrischen Oberleitungen – und verweisen damit auf die lange und teilweise auch etwas holprige Geschichte der Straßenbahn in Braunschweig.

Diese Geschichte beginnt im Jahr 1873 mit der Eröffnung einer Art Buslinie, allerdings noch ohne Motoren, dafür mit schnaubenden Pferden, die die Braunschweiger mit klappernden Hufen durch die Straßen zogen. Doch schon zwei Jahre später gab es Verhandlungen für den Bau einer Straßenbahn: Damals beantragten belgische und britische Unternehmen eine Konzession zur Einrichtung derselben – allerdings zunächst noch erfolglos.

Am 11. Oktober 1879 war es aber so weit: Die „City of Brunswik Tramway Comp." eröffnete unter dem Briten James Lesly Waker eine Pferdebahnstrecke, die auf Lochschienen verkehrte. Das sind, wie es der Name schon sagt, Schienen, die hohl und mit Löchern versehen sind. In diese Löcher hinein greifen Stäbchen, die an den Rädern der Wägen angebracht sind. Die Spurweite dieser Straßenbahn betrug 1.100 Millimeter. In Deutschland fuhren außer in Braunschweig nur noch in Lübeck und Kiel Straßenbahnen mit dieser Spurweite – erhalten ist die Spurweite aber heute allein noch in Braunschweig (siehe Geheimnis 45).

Mit dem System dieser Lochschienen klappte es nicht so recht: Es gab zahlreiche Störungen, denn wenn die Räder mit den Schienen

Straßenbahnrosetten findet man an mehreren Gebäuden in der Stadt.

Die Rosette am Eckhaus Husarenstraße / Olfermannstraße / Rosenstraße.

nicht perfekt ineinandergriffen, ruckelte es gewaltig, die Zapfen oder anderes konnten dann abbrechen. Auch neigten die Wagen dazu, in den Kurven zu entgleisen.

1881 stellte man den Verkehr deshalb ein und entschied sich für das System der Rillenschienen. Diesmal klappte es gut, die Straßen-Eisenbahn-Gesellschaft Braunschweig erweiterte ihr Streckennetz zunehmend und fuhr 1896 bereits auf 13 Kilometern und vier Strecken. Insgesamt 110 Pferde waren im Einsatz, um die straßenbahnfreudigen Braunschweigerinnen und Braunschweiger von A nach B zu bringen. Und der Fortschritt ging zügig voran: Die Straßenbahn fuhr bald auch nach Wolfenbüttel und hatte damit eine Länge von 32 Kilometern.

Nachdem 1896 eine entsprechende Genehmigung erteilt worden war, verkehrte am 28. Oktober 1897 die erste elektrische Straßenbahn durch Braunschweig – und zwar auf 11,6 Kilometern vom Augustplatz über Melverode und Klein Stöckheim bis Wolfenbüttel. Jetzt also wurden die als Rosetten gestalteten Haken in den Hauswänden gebraucht, um daran die elektrischen Oberleitungen zu befestigen.

Das Liniennetz der Braunschweiger Straßenbahn wuchs immer weiter an, 1937 betrug die Strecke 36,2 Kilometer. 18 Millionen Fahrgäste fuhren per Anno in 95 Trieb- und 78 Beiwagen. Im Zweiten Weltkrieg wurde die Straßenbahn schwer in Mitleidenschaft gezogen, aber schon im Mai 1945 verkehrte wieder eine Linie in der Stadt und 1946 fuhren 58,8 Millionen Fahrgäste in dem weitgehend wiederhergestellten Netz.

In den 1950er-Jahren konnten sich immer mehr Braunschweiger ein Auto leisten, was zu Lasten der Straßenbahn ging. Deshalb wurde im Sommer 1954 zunächst die Strecke nach Wolfenbüttel und fünf Jahre später auch die nach Ölper eingestellt. Nach 1963 fuhr auch keine Straßenbahn mehr nach Riddagshausen, das war die letzte Linie gewesen, die die Braunschweiger über die Grenzen ihrer Stadt hinausbrachte. Zwar wurden in den Folgejahren auch neue Stadtteile an die Straßenbahn angeschlossen, in manchen Gebieten war es mit dem Straßenbahnverkehr aber auf immer vorbei.

An den dort angebrachten Haken hängt nichts mehr – außer vielleicht die Erinnerung älterer Braunschweiger, die all das noch erlebt haben. Und damit sind die Haken dann doch noch ausgesprochen wichtig. Denn Erinnerungen sind wertvoll. Ganz außerordentlich sogar.

Eva-Maria Bast

....

So geht's zu den Straßenbahnrosetten:

Ein besonders schönes Exemplar befindet sich am Eckhaus Husarenstraße / Olfermannstraße / Rosenstraße. Man kann die Rosetten aber auch an vielen anderen Stellen in der Stadt finden. Eine Entdeckungstour lohnt sich.

Die Steine der St. Magni-Kirche: nicht mehr Schutt, sondern geschätzte Beeteinfassung.

Kirchensteine

Gerettetes Andenken an alte Zeiten

Rein äußerlich erinnert nichts an der für die 1950er-Jahre typischen Martin-Chemnitz-Kirche an frühere Jahrhunderte. Es herrschen Rechtecke vor mit wenig schmückendem Beiwerk, was der modernen Bauauffassung nach dem Krieg entspricht.

Die evangelisch-lutherische Gemeinde im Südosten der Stadt Braunschweig ist für die Stadtteile Lindenberg und Elmaussicht-Mastbruch zuständig und stolz darauf, die weltweit einzige nach Martin

Chemnitz benannte Kirchengemeinde zu sein. Chemnitz, geboren 1522 in Treuenbrietzen, gestorben 1586 in Braunschweig und hier in der Martinikirche bestattet, war ein lutherischer Theologe und einflussreicher Reformator. Herzog Julius von Braunschweig-Wolfenbüttel (1528-1589) beauftragte ihn 1568, die Reformation in seinem Herzogtum einzuführen (siehe Geheimnis 01).

Fast 450 Jahre später steht Gemeindepastor Wolfgang Jünke neben der nach dem Reformator benannten Kirche und weiß, dass es sehr wohl etwas gibt, das an vergangene Zeiten erinnert. Der Koordinator der Aktion „Rettet bedrohte kirchliche Kunstwerke" und engagierte Stadtteilheimatpfleger geht den Zugang zum tiefer gelegenen Pfarrhaus hinunter. Auf dem Weg hält er an und zeigt auf eine Anzahl von rund 30 verschieden geformten Steinen in der Größe von einer Faust bis hin zu einer großen Kaffeekanne, die als Abgrenzung am Wegrand hintereinander aufgereiht sind. Bei näherem Hinsehen ist deutlich zu erkennen, dass diese Steine ganz offensichtlich handwerklich bearbeitet wurden, und das vor langer Zeit. Wolfgang Jünke

Pastor Wolfgang Jünke hält einen der Steine der St. Magni-Kirche in der Hand.

kann das Geheimnis dieser alten, behauenen Steine aufdecken und dabei eine gewisse Rührung nicht verbergen. „Diese Stücke stammen aus dem Gewölbe, möglicherweise auch von den Säulen der alten Braunschweiger Kirche St. Magni, die dem Magniviertel seinen Namen gab", sagt der Geistliche. Dieses Gotteshaus sei, erklärt er weiter, gleichsam die „Großmutter" der Martin-Chemnitz-Gemeinde. Denn deren Gründung sei durch die „Magni-Tochter" St. Johannis 1951 veranlasst worden. „Und so sind diese Steine sozusagen eine Gabe der alten Großmutter an ihre junge Enkelin", fasst Jünke zusammen. Wie nun aber kamen sie in den Vorgarten des Pfarrhauses?

Die Magnikirche stammt ursprünglich aus dem 11. Jahrhundert. 1252 wurde sie neu errichtet. Reste des ersten Baus sind in ihrem Fundament erhalten. Im 19. Jahrhundert restaurierte man das Gebäude und malte es im historistischen Stil aus. Doch im Zweiten Weltkrieg, genauer am 23. April 1944, beschädigten Bomben die Kirche schwer. Nur der Turm und die Säulenarkaden blieben stehen. „Alte Fotos zeigen, wie die herabgefallenen Steine, säuberlich übereinander geschichtet, auf einen eventuell angedachten originalgetreuen Wiederaufbau von St. Magni warteten", sagt Wolfgang Jünke. Doch die Kirche wurde in wesentlich veränderter Gestalt mit modernen Elementen von 1956 bis 1964 wiederaufgebaut, was von manchen kritisiert wurde. Auf der einen Seite sei dabei intakte historische Substanz beseitigt worden, auf der anderen Seite vollkommen Zerstörtes, nämlich die Apsis, „in einer vereinfachten, historisierenden Form wiederaufgebaut worden, wie sie so nie bestanden habe". Die nicht mehr benötigten Steine landeten als Füllmaterial für den Bauplatz am Möncheweg.

„Als das Gotteshaus unserer Gemeinde 1959 errichtet wurde, dienten sie dazu, das Gefälle des Geländes aufzufüllen", erzählt der Pastor weiter. Worum es sich bei diesem Baumaterial handelte, wurde jedoch erst in seiner Amtszeit klar. Als neue Versorgungsleitungen zum Pfarrhaus verlegt wurden, traten bei den Baggerarbeiten die alten Magni-Steine wieder zutage. Jünke, der sich in die Bildarchive der Kirche eingelesen hatte, erkannte sie sofort. Der Pastor war glücklich darüber, dass die „Großmutter" seiner Pfarrkirche auf diese Weise nun etwas mehr präsent bei ihrer „Enkelin" sein konnte. Er sicherte sie umgehend und schmückte damit das Kirchengelände – eine traurige, dunkle Geschichte mit ein wenig Helligkeit an ihrem Ende.

Georg Ruppelt

So geht's zu den Kirchensteinen:

Die Kirchensteine finden sich auf dem Weg zum Pfarrhaus der Martin-Chemnitz-Gemeinde, Möncheweg 56.

16

Andreas Jäger kennt das Geheimnis der Sonne, die sich an der Seite des Denkmals für Carl Friedrich Gauß versteckt.

Sonne

Ein Genie für Braunschweig

„Wenn man hier so langgeht, dann sieht man erst mal nichts", stellt Andreas Jäger fest. Wobei „nichts" relativ ist. Man sieht immerhin einen steinernen Carl Friedrich Gauß (1777-1855) auf einem Denkmal – und das ziemlich groß. Aber das ist es nicht, worauf der Braunschweiger die Aufmerksamkeit lenken will. Gauß ist zwar die Hauptfigur dieser

Geschichte, aber worum es dem Gästeführer geht, ist die kleine Sonne, die sich, wenn man davorsteht, auf der linken Seite des Denkmals befindet und die man zunächst tatsächlich übersieht. „Es ist aber eigentlich keine Sonne", stellt der Braunschweiger richtig, „und auch kein Stern. Obwohl Carl Friedrich Gauß auch ein großer Astronom war, war er in erster Linie Mathematiker." Und dieses goldene Ding mit den vielen Strahlen sei ein Siebzehneck, weil es dem gebürtigen Braunschweiger als erstem Menschen gelungen ist, ein gleichmäßiges Siebzehneck mit Lineal und Zirkel zu konstruieren. „Würde man um diesen Stern Linien ziehen, hätte man das 17-Eck", sagt der Gästeführer.

Kleine „Sonne" an großem Denkmal.

Princeps Mathematicorum („Fürst der Mathematiker") Johann Carl Friedrich Gauß wird 1777 in Braunschweig geboren. Er gilt schon früh als Genie: Als sein Volksschullehrer Büttner der Klasse die Aufgabe erteilt, die Zahlen 1 bis 100 zusammenzuzählen, um die Schüler eine Weile zu beschäftigen, ist Gauß im Nu fertig: Anstatt mühsam, wie seine Mitschüler, jede Zahl einzeln nacheinander zu addieren, bildet Gauß Zwischensummen. Er addiert 1 + 100, 2 + 99 … immerfort bis 50+51. Die Zwischensummen ergeben immer 101, alle 50 Paare also zusammen 5050. Schnurstracks marschiert er zum Lehrerpult und legt die Aufgabe in schönstem Braunschweiger Platt mit den Worten „Ligget se" (Hier liegt sie) auf den Tisch – der Lehrer fördert seinen Schüler in der Folge sehr. Und als der Princeps Mathematicorum 14 Jahre alt ist, stellt man den begabten Jungen dem Herzog Karl Wilhelm Ferdinand von Braunschweig (1735-1806) vor, der ihm finanzielle Unterstützung angedeihen lässt, sodass Gauß am Collegium Carolinum, dem Vorgänger der Technischen Universität in Braunschweig, studieren kann.

Er genießt die Zeit dort sehr, wie dem Brief an seine alten Lehrer zu entnehmen ist: „(…) meine herzlichsten Wünsche für das kräftige Fortblühen der Anstalt, welcher angehört zu haben immer wie ein hochschätzbares Glück betrachtet hat (…) Ihr gehorsamster C.F.

Gauß." Als er 18 Jahre alt ist, entwickelt er die „Methode der kleinsten Quadrate" und macht damit 1801 die Wiederentdeckung des 1. Asteroiden Ceres möglich. Zahlreiche mathematische Funktionen gehen auf Gauß zurück. Und im Alter von 19 Jahren beweist er eben die Konstruierbarkeit des regelmäßigen Siebzehnecks – was in Fachkreisen als Sensation gilt!

„Das ist aber eigentlich keine Sonne, und auch kein Stern. Obwohl Carl Friedrich Gauß auch ein großer Astronom war, war er in erster Linie Mathematiker."

Bevor er die Landvermessung des Königreichs Hannover übernimmt, wird er im Jahr 1807 Universitätsprofessor und Sternwartendirektor in Göttingen. Hannovers König ist ganz und gar entzückt von den Fähigkeiten des Carl Friedrich Gauß: Ab 1856 lässt er Gedenkmedaillen prägen, die das Bild Gauß' zeigen und die Inschrift Mathematicorum Principi tragen.

Zweifelsohne eine Ehre. Gedenkmünzen mit einer siebzehnstrahligen Sonne wären allerdings auch eine schöne Idee gewesen. Vielleicht denkt die Stadt Braunschweig ja mal darüber nach!

Eva-Maria Bast

....

So geht's zur Sonne:

Die kleine Sonne, die eigentlich ein Siebzehneck ist, befindet sich an der Seite des Gauß-Denkmals. Dieses steht an der Ecke Schubertstraße / Inselwall.

Nägel

Eiserner Heinrich: aus Holz und dennoch eisern

Das weltweit bekannteste Wahrzeichen Braunschweigs ist sicherlich der Braunschweiger Löwe aus dem 12. Jahrhundert, der in unmittelbarer Verbindung mit dem Welfenherzog Heinrich dem Löwen (1129/30-1195) steht. Dessen Grabmal aus dem 13. Jahrhundert ist im Braunschweiger Dom zu besichtigen. „Doch nur wenige Einheimische wissen, dass sie keine 100 Meter entfernt den Herzog noch einmal finden können, im Braunschweigischen Landesmuseum", erzählt der Geschichtsdetektiv Jörg Porsiel. „Dort steht im Lichthof eine 3,50 Meter hohe Figur auf einem 40 Zentimeter hohen Sockel, die 1915, während des Ersten Weltkriegs, vor dem Residenzschloss in Braunschweig aufgerichtet worden war und seit Februar 1919 im Landesmuseum aufgestellt ist: der so genannte Eiserne Heinrich." Die Statue symbolisiert die Stadtgeschichte in doppelter Weise: Zum einen im Sinne der älteren Stadtgeschichte als Standbild Heinrichs des Löwen, zum anderen kann sie aber ein Schlüssel zum Verständnis der Stadtgeschichte zu Beginn des 20. Jahrhunderts sein. Und sie hat ein Geheimnis: Sie ist über und über mit Nägeln versehen, auf denen sich Namen befinden. Was hat es damit auf sich?

Der Übersetzer und begeisterte Heimatforscher Porsiel hat sich intensiv mit der Statue beschäftigt. „Der nach Entwürfen Arnold Kramers aus afrikanischem Weißholz gefertigte Herzog Heinrich wirkt mit seinen heruntergezogenen Mundwinkeln eher mürrisch als fest und entschlossen", bemerkt er mit Blick auf das Standbild. Eine Hand hat er, zur Faust geballt, auf den vor ihm aufgerichteten Schild gestützt, der von der anderen Hand gehalten wird. Er erinnert damit auch an die Rolandsfiguren, die seit dem 15. Jahrhundert in norddeutschen Städten zu finden sind. „Aus einiger Entfernung", so fasst Porsiel den Eindruck zusammen, „fällt dem Betrachter an der Statue wahrscheinlich auf, dass sich auf der rechten Seite ein langer Riss vom Scheitel fast durch

Die Nägel im Schild des Eisernen Heinrich.

Jörg Porsiel zu Füßen des Eisernen Heinrich.

die ganze Figur hindurch bis nach unten zieht. Kommt man dann langsam näher, lösen sich die einzelnen, ursprünglich fast homogen aussehenden Flächen und Strukturen auf und offenbaren Einzelheiten, die sich erst aus nächster Nähe erkennen und deuten lassen." Wenn man näher herangeht, kann man die Köpfe der Nägel deutlich ausmachen. Wer hat sie in die hölzerne Statue eingeschlagen – und warum? „Diese Nägel konnten Bürger aus Braunschweig und Umgebung für Geld kaufen und, falls gewünscht, sie gravieren und dann je nach Größe entweder selbst einschlagen oder einschlagen lassen. Tritt man ganz nahe an die Statue heran, kann man auf den großen Nägeln oder auf Plaketten Namen von Personen lesen, etwa auch die von Gefallenen", beschreibt Porsiel den erstaunlichen Befund. Und die Erklärung dafür ist: Viele Menschen haben einen Nagel gekauft und eingeschlagen, um die deutschen Kriegsanstrengungen zu unterstützen. So offenbart sich dem Betrachter auf einmal das persönliche Schicksal vieler Menschen, die in jener Zeit gelebt und oft Familienangehörige verloren haben. Die eingenommenen Gelder wurden für wohltätige Zwecke an der so genannten „Heimatfront", also innerhalb des Kaiserreichs, verwendet.

Diese Art der Kriegsunterstützung war eine regelrechte Industrie im gesamten Deutschen Reich geworden. „Man versuchte damit die so genannte Heimatfront zu mobilisieren, indem suggeriert wurde, dass, wer schon als Kranker, Rentner, Schüler oder Hausfrau nicht aktiv am Krieg teilnehmen könne, dann doch wenigstens mit Geld helfen solle", erklärt der Heimatforscher. Derartiges habe es auch in anderen Gebieten des Deutschen Reichs und in Österreich gegeben. „Schulklassen, Krieger- und andere Vereine pilgerten zu ähnlichen Statuen wie dem Braunschweiger Heinrich oder zu überdimensionalen Holzschilden, Reichsadlern und personifizierten Landessymbolen, um dort ihre gekauften Nägel einzuschlagen. Das Ganze entwickelte eine Eigendynamik, der sich kaum jemand entziehen konnte oder wollte."

Nicht nur für Jörg Porsiel ist diese Statue des Heldenherzogs Heinrich heute ein Symbol der nationalen Hybris, Naivität, Menschenverachtung gegenüber dem „Feind", Instrumentalisierung der „Heimatfront", Hilflosigkeit gegenüber Gewalt, Tod und Zerstörung – letztendlich aber vor allem des kollektiven Scheiterns eines längst überholten Staatskonzepts und des Betrugs an der Bevölkerung durch Staatsführung, Monarchie und Militär. Tatsächlich steht die Skulptur, aus der Rückschau betrachtet, heute für den namenlosen und massenhaften industrialisierten Tod und die erbarmungslose Zerstörung sowie das Ende einer ganzen Epoche. Denn mancher, für den solch ein Nagel in den Eisernen Heinrich eingeschlagen wurde, war vielleicht im Sommer 1914 als begeisterter Freiwilliger in den Krieg gezogen. Und mancher, der einen Nagel spendete, beteiligte sich womöglich, als der Krieg verloren war, an der Revolution im November 1918, als die Mitglieder des eben ins Leben gerufenen Arbeiter- und Soldatenrats am 8. November die Abdankung Herzog Ernst Augusts forderten. Der unterschrieb noch am gleichen Tag die ihm vorgelegte Abdankungsurkunde – übrigens einen Tag *vor* seinem Schwiegervater, Kaiser Wilhelm II., und der Ausrufung der Republik durch Philipp Scheidemann in Berlin – und besiegelte damit das Ende der Monarchie in Braunschweig.

Georg Ruppelt

....
So geht's zu den Nägeln:

Sie stecken in der Skulptur des Eisernen Heinrich. Dieser steht im Lichthof des Braunschweigischen Landesmuseums. Es ist vom Burgplatz aus zugänglich und liegt direkt gegenüber der Burg Dankwarderode.

Türme der Andreaskirche
Die Reformation ließ sich nicht aufhalten

„Das ist ja ganz auffällig, dass die Andreaskirche unterschiedlich hohe Türme hat", findet Anke Wickboldt. „Und das steht in unmittelbarem Zusammenhang mit der Reformation. Es gibt einen Bericht von Barward Tafelmaker aus dem Jahr 1559, der beauftragt war, die Türme zu bauen. Darin schreibt er auch, warum man den Nordturm nicht vollendet hat, nachdem der Südturm fertiggestellt war", erklärt sie. „Tafelmaker schrieb: (…) und hatten bereits einen neuen Steinbruch auf dem Elme abräumen lassen und begannen zu brechen. Da fing Dr. Martin Luther zu schreiben an, daß die guten Werke nicht verdienstlich wären, sondern sündlich", liest die Gästeführerin aus dem Text, den sie dazu gefunden hat, vor. „Mit guten Werken waren die Spenden gemeint, die die Wohlhabenden für den Turm machten", erklärt sie und zitiert weiter: „ (…) da wollte niemand mehr dazugeben, da mussten wir das Gebäude stehen lassen." Daran würden die beiden grundverschiedenen Sichtweisen deutlich, um die es ging: Die Gläubigen waren es gewohnt, durch „gute Werke", also durch Spenden oder den Erwerb von Ablassbriefen, ihr Sündenkonto zu verringern. Doch genau diesen Irrtum prangerte Luther in seinen Thesen an. In der 27. zum Beispiel: „Menschenlehre verkündigen die, die sagen, daß die Seele (aus dem Fegefeuer) emporfliege, sobald das Geld im Kasten klingt." Und in der 36. These: „Jeder Christ, der wirklich bereut, hat Anspruch auf völligen Erlaß von Strafe und Schuld, auch ohne Ablaßbrief." Luther sagte, ohne Reue und Buße erlange man keine Vergebung. Allein der Glaube des Menschen und die Gnade Gottes helfe. Die Braunschweiger scheinen ihn verstanden zu haben, denn sie hörten auf, Geld für die Errichtung des Kirchturms zu spenden. Und so wurde der Nordturm nicht fertiggestellt, lediglich eine Abdeckung hat er noch erhalten.

Die Welle der Reformation hatte Braunschweig schon kurze Zeit nach der Veröffentlichung der 95 Thesen durch Martin Luther (1483-

Anke Wickboldt steht vor den unterschiedlich hohen Türmen.

25

1546) erfasst. Zentrale Figur der Anfangszeit war der Benediktiner-
mönch Gottschalk Kruse (1499-1540), der im Aegidienkloster Predig-
ten und biblische Vorlesungen hielt. Die Bevölkerung verfolgte die
Vorträge mit großem Interesse. Doch Kruse blieb nicht lange in Braunschweig. Das erste Mal wurde er fortgeschickt, weil man ihm nach-
sagte, eine Ketzerschule zu betreiben. Das zweite Mal musste er die
Stadt 1523 sogar fluchtartig verlassen und entging nur knapp einem
Anschlag, den die Truppen des katholischen Herzogs Heinrich des
Jüngeren (1489-1568) auf ihn zu verüben versucht hatten.

Aber die Reformation ließ sich nicht aufhalten: Kruse verfasste
eine den Braunschweiger Bürgern gewidmete Rechtfertigungsschrift,
die den Titel *Wörumme hee gheweken uth synem kloester eyn under-
richtunghe* trug. Sie fand in Braunschweig große Aufmerksamkeit und
stärkte die Reformation. Und dann kamen weitere wichtige Akteure
der Reformation ins Spiel: „Die Prediger Heinrich Lampe und Johann
Oldendorp beseitigten Ende 1527 in der Magnikirche die katholische
Gottesdienstordnung", erzählt Anke Wickboldt. „Die Bürger standen
hinter ihnen, und so hat sich in Altewiek die lutherische Predigtweise
durchgesetzt. Hier wurde auch zum ersten Mal auf Deutsch getauft."
Schon ein Jahr später, 1528 gab es überall Bürgerversammlungen. „Der
Rat hatte Sorge um den sozialen Frieden in der Stadt und erließ im
März 1528 eine Ratsordnung. Dazu gehörte auch eine Reformschrift,
diese wurde die Grundlage des neuen Glaubens." Kern der Ordnung
war die Neustrukturierung des Kirchenwesens.

Und dann wurden der Halberstädter Theologe Heinrich Winkel
(1493-1551) und der Wittenberger Stadtpfarrer Johannes Bugenhagen
(1485-1558) zur Durchführung der Reformation nach Braunschweig
gerufen. Bugenhagen wirkte an der Andreaskirche, eben jener, an der
die Türme nicht fertiggestellt waren, und predigte nach seiner Amts-
einführung am 20. Mai 1528 erstmals am darauffolgenden Himmel-
fahrtstag in der Brüdernkirche. „Bugenhagen entwarf auch eine neue
Kirchenordnung, die der Rat am 5. September 1528 annahm", sagt die
Stadtkennerin. „Und dadurch hat sich das kirchliche Leben und Wesen
in Braunschweig ungeheuer verändert. Sie umfasste nicht nur den
Ablauf der Gottesdienste, sondern regelte auch die Fürsorge und Bildung. „Bugenhagen war es wichtig, dass Kinder aus allen Schichten

Bildung erhalten sollen", erklärt sie. Die Reformation in Braunschweig war eng mit Bugenhagen, einem Vertrauten Luthers, verbunden. Nach seiner Abreise nach Hamburg erstarkte der Zwinglianismus, das ist die Lehre des Schweizer Reformators Ulrich Zwingli (1484-1531), welche er aber nach seiner Rückkehr erfolgreich zurückdrängte.

Besonders prekär: Landesherr Heinrich der Jüngere war streng katholisch, was zu heftigen Auseinandersetzungen führte. Im August 1531 trat Braunschweig dem Schmalkaldischen Bund bei. „Das war ein Bündnis, in dem sich die evangelischen Fürsten und Städte gegenseitig Schutz vor der katholischen Liga versprachen", sagt Anke Wickboldt. Von diesem gestützt, ließ der Rat entschlossen die lutherische Lehre im Landgebiet und in den herzoglichen Stiften einführen.

In der als Gegenpart zum Schmalkaldischen Bund 1538 in Nürnberg gegründeten „Katholischen Liga", war Heinrich der Jüngere ein wichtiges Mitglied. Mit Hilfe der Städte Braunschweig und Goslar eroberte jedoch der Schmalkaldische Bund 1542 das Herzogtum und führte die Reformation ein. Heinrich wurde in Hessen in den Kerker gesteckt. Als aber Kaiser Karl V. (1500-1558) bei der Schlacht bei Mühlberg 1547 den Schmalkaldischen Bund zurückdrängen konnte, kehrte Heinrich zurück und versuchte, sein Herzogtum wieder zum Katholizismus zurückzuführen, was ihm jedoch durch den starken Widerstand in Braunschweig misslang. Allerdings dauerte es noch mehr als 20 Jahre, bis auch das Fürstentum selbst evangelisch wurde. Erst Heinrichs Sohn und Nachfolger Herzog Julius (1528-1589), der am brandenburgischen Hof evangelisch erzogen wurde, konnte 1568 die Reformation durchsetzen.

Und der Kirchturm an der Andreaskirche blieb, wie er war. Als weithin sichtbares Zeichen eines Glaubens im Umbruch.

Eva-Maria Bast

....

So geht's zu den Türmen der Andreaskirche:

Die Andreaskirche hat die Adresse An der Andreaskirche 4.

Schienen

Relikte der ersten deutschen Staatseisenbahn

Wer mit dem Auto die Straße Am Alten Bahnhof in Braunschweig entlangfährt, wundert sich: Von einem Bahnhof ist weit und breit nichts zu sehen, sei er neu oder alt! Wirklich nicht? Heiko Krause, stellvertretender Heimatpfleger für das Westliche Ringgebiet, weiß es besser. „Das ist ein Teil des Alten Hauptbahnhofes", erklärt Krause und blickt durch das Einfahrtstor zur Braunschweigischen Maschinenbauanstalt (BMA), und tatsächlich: Etwa 20 Meter Original-Bahngleise führen in den Innenhof der Firma. Weitere alte Gleisabschnitte sind noch an ihrem ursprünglichen Platz in der Erde verlegt, und zwar direkt gegenüber der BMA auf der anderen Straßenseite vor und hinter dem Einfahrtstor zu einer Lagerhalle. An deren Gittertor hat der Besitzer, offenbar jemand mit Geschichtssinn und Humor, eine alte Gleissperrtafel angebracht, auf dass ja kein Zug auf den Ladeplatz fahre! Viele Hundert Male schon ist Krause an dieser Stelle vorbeigegangen und -gefahren, und dennoch freut er sich jedes Mal aufs Neue, diesen nur ganz wenigen Menschen bekannten Relikten aus großen Hauptbahnhofszeiten nachzuspüren. Auf den Restschienen, von denen es früher noch mehr gab, spielte er schon vor über 40 Jahren als kleiner Junge.

Seit 25 Jahren erforscht der Eisenbahnersohn und Spezialist für Kraftfahrzeugelektronik die Geschichte der Braunschweiger Eisenbahn und ihres Alten Hauptbahnhofs und hat sein Anschauungsmaterial mustergültig und für jeden einsehbar im Internet aufbereitet.

„Die im Dezember 1838 in Betrieb genommene Herzoglich Braunschweigische Staatseisenbahn war die erste deutsche Staatsbahn", beginnt Krause zu erzählen. Bereits drei Jahre zuvor war zwischen Nürnberg und Fürth die erste private deutsche Eisenbahn gefahren. Die erste Staatseisenbahn auf einer öffentlichen Strecke verkehrte auf dem europäischen Kontinent bereits sieben Monate

....

Heiko Krause am Gittertor mit Gleissperrtafel.

davor in Belgien. Der Eisenbahnexperte weiß, wie es dann zur ersten deutsche Staatsbahn in Braunschweig kam: „Wesentlichen Anteil an deren Gründung hatte ein Mann namens von Amsberg, an den in Braunschweig noch ein Straßenname und die am Friedrich-Wilhelm-Platz 3 gelegene Villa von Amsbergs sowie in Bad Harzburg eine Straße, eine Gedenktafel und sein Grab erinnern."

August Philipp Christian Theodor von Amsberg wurde am 17. Juli 1788 in Kavelstorf bei Rostock geboren. Infolge eines furchtbaren Unglücks musste er nach einem ungeschriebenen Gesetz als Zwölfjähriger seine Heimat verlassen. Beim Spielen mit dem Jagdgewehr seines Vaters, eines angesehenen Geistlichen, der später Bischof von Mecklenburg werden sollte, hatte sich ein Schuss gelöst und die ältere Schwester tödlich getroffen. Zunächst blieb er in Hildesheim bei Verwandten, dann sollte er bei einem wohlhabenden Paten in Braunschweig unterkommen. Doch dieser war kurz vor der Ankunft des Jungen gestorben. So schlug sich der Heimatlose zunächst als Lehrling bei einem Krämer durch. Dem Mitleid eines hohen Beamten verdankte er die Schulausbildung bis zum Abitur am Martino-Katharineum (siehe Geheimnis 10). Seine Karriere im Staatsdienst begann, als er den alten Herzog Karl Wilhelm Ferdinand (1735-1806) aus einer protestierenden Braunschweiger Volksmenge herausführte, was ihm den Dank der Herzogsfamilie einbrachte. Von Amsberg wurde Schreiber und nahm als Regimentszahlmeister an den Befreiungskriegen gegen Napoleon teil. Danach stieg er vom Kammersekretär zum Legationsrat, dann zum Finanzdirektor der Herzoglichen Pfand- und Leihanstalt (Braunschweigische Staatsbank) auf und wurde schließlich Leiter der Herzoglichen Eisenbahn- und Postdirektion. In diesen und

Am Gittertor hat jemand mit Geschichtssinn und Humor eine alte Gleissperrtafel angebracht.

anderen Funktionen entwickelte er seine Visionen von einem Verkehrsnetz zur Stärkung der Wirtschaftskraft des Herzogtums. „Gegen preußische und hannoversche Widerstände gelang es von Amsberg, Braunschweig zum Land mit dem nach Belgien dichtesten Eisenbahnnetz auszubauen", beschreibt Krause dessen Bedeutung. Die herzogliche Pfand- und Leihanstalt finanzierte den Bau der ersten staatlichen Eisenbahnstrecke mit elf Millionen Talern. Der wirtschaftliche Erfolg zeigte sich damals etwa daran, dass ein Vorstandsmitglied in den ersten drei Monaten des Bahnbetriebs statt der geschätzten 32.000 Taler 94.000 verdiente.

„Gegen preußische und hannoversche Widerstände gelang es von Amsberg, Braunschweig zum Land mit dem nach Belgien dichtesten Eisenbahnnetz auszubauen."

Offiziell begann alles am 1. Dezember 1838, als die Lokomotive „Swift", was übersetzt „geschwind" bedeutet, von Braunschweig nach Wolfenbüttel dampfte und damit die erste öffentliche Fahrt einer Staatseisenbahn in Deutschland unternahm. Krause weiß, wer sie steuerte: „Lokomotivführer war der britische Ingenieur John Stanley Blenkinsop, der sozusagen zusammen mit der Lokomotive aus England als deren Mechaniker und Lokführer eingekauft worden war." Dies sei damals so üblich gewesen, erzählt Krause. Blenkinsop überwachte auch den Zusammenbau der ersten Lokomotiven, welche in Einzelteilen aus England geliefert wurden.

Am Tag *vor* der ersten offiziellen Fahrt, also am 30. November 1838, war jedoch der Herzog in einer auf einem Plattformwagen festgezurrten Hofkutsche schon standesgemäß die Strecke gereist. 20 Minuten benötigte man für die Hinfahrt; zurück ging es wegen Rückenwindes sieben Minuten schneller. In den folgenden fünf Monaten war der Andrang gewaltig: 105.000 Personen wurden befördert. Die Geschwindigkeit des neuen Verkehrsmittels wurde gerühmt, aber man fürchtete sich auch vor ihm. Heiko Krause zitiert aus seinem Archivmaterial: „Wir durchflogen die zwei Meilen bis Wolfenbüttel", sei dort zu lesen, oder auch: Die Lokomotive sei „wie ein brüllendes Ungeheuer". Fünf Jahre später wurde die Strecke nach Harzburg fertiggestellt, dem Ort, in dem 1871 August Philipp von Amsberg starb.

Die Bahnverbindungen des Herzogtums Braunschweig gelten für das 19. Jahrhundert als vorbildlich. So war etwa der Bahnhof Börßum damals zu seinen besten Zeiten der D-Zug-Knotenpunkt für die Strecken Berlin-Dortmund und Leipzig-Bremen und damit eine Drehscheibe des Verkehrs. 1866 wurden dort 66.000 Fahrkarten verkauft. Das russische Zarenehepaar „dejeunierte" am 11. Juni 1864 in Börßum, und Kaiser Wilhelm I. machte hier Station. 1875 empfahl der Braunschweiger Autor Wilhelm Raabe: „Fahre nach dem Eisenbahnknotenpunkt (Börßum), setze Dich mit einer Tasse Caffee und einer Cigarre vor die Bahnhofsrestauration und sieh in das Getümmel des europäischen Lebens."

Alte Gleisabschnitte sind hinter dem Einfahrtstor zur Braunschweigischen Maschinenbauanstalt (BMA) an ihrem ursprünglichen Platz in der Erde verlegt.

Die Erinnerung an diese glorreiche Zeit mag vielleicht auch die folgende Idee beflügelt haben, die 1988 ernsthaft diskutiert wurde. Es war die Zeit, als in Deutschland die große umweltfreundliche Zukunft in der Entwicklung von Magnetbahnen gesehen wurde. Heiko Krause berichtet über die Kuriosität mit etwas Wehmut: „Einen Entwurf über die Zukunft der Bahnverbindungen zwischen Salzgitter, Wolfenbüttel, Braunschweig und Wolfsburg fertigte damals ein Planungsbüro an. Auftraggeber war die Magnetbahn GmbH, eine Tochter des AEG-Konzerns. Anlass der Studie für ein Pilotprojekt war die Planung der Neubaustrecke der Deutschen Bundesbahn nach Berlin. Für Wolfenbütteler etwa sollte der Anschluss nach Braunschweig so aussehen: Fahrt mit Bus oder Auto nach Stöckheim; dort Einstieg in eine Magnetbahn, die den Fahrgast mit Hochgeschwindigkeit für 1,65 DM durch einen Tunnel zum Braunschweiger Kohlmarkt befördert. Dies, so wurde öffentlich versichert, sei durchaus nicht mehr nur als utopisch anzusehen. Zur Finanzierung war an Mittel aus dem Gemeindeverkehrsfinanzierungsgesetz gedacht, das für den Zonenrand eine 75-prozentige Bezuschussung vorsah." Diese Magnetbahn blieb ein kühner Traum.

Doch mit Unterstützung der NORD/LB wurde 1988 und insbesondere 2013, diesmal unter intensiver Mitwirkung von Heiko Krause, mit zahlreichen Veranstaltungen an die glorreiche Zeit des braunschweigischen Eisenbahnwesens erinnert. Und man kann auch heute noch Gleisen – zwar sicher nicht jenen, an denen Wilhelm Raabe gesessen hat, sondern jüngeren, aber auch an die 100 Jahre alten – an einigen Stellen begegnen: zum Beispiel eben an der Straße Am Alten Bahnhof in Braunschweig.

Georg Ruppelt

....

So geht's zu den Schienen:

Die Straße Am Alten Bahnhof entlang nach Süden gehen. Auf der rechten Seite erreicht man das Einfahrtstor zur BMA, direkt gegenüber auf der anderen Straßenseite befinden sich die noch eingelassenen Schienen in der Zufahrt zu einem Lagerhaus.

Thomas Ostwald betrachtet die reich verzierte Fassade.
Er weiß auch, wo sich der kleine Affe versteckt: Ganz
links, oberhalb des ersten verzierten Geschosses.

Affe

Ein Mann mit Humor

Man muss schon eine gehörige Portion Selbstbewusstsein haben, um sich selbst als Affen darzustellen. Friedrich Huneborstel, seines Zeichens Ratsherr, Gerichtsherr und Kämmerer im Weichbild Sack, hatte dieses Selbstbewusstsein. Als er zwischen 1524 und 1528 das Huneborstelsche Haus schräg gegenüber dem Rathaus Sack in Braunschweig errichtete, ließ er sich, wie Historiker Thomas Ostwald erzählt, selbst als Affe mit einem Dudelsack darstellen. „Dieser Affe ist ja heute noch gut an der Fassade zu sehen", sagt der Braunschweiger und deutet hinauf zum dritten Stock des Huneborstelschen Hauses. „Was man heute dort nicht mehr lesen kann, ist die Inschrift, die früher hier danebenstand: *Ick ape / sta vn gape / de wyle ick / maeth staen / machstu wyder ghaen.* Das bedeutet nichts weiter als: Ich Affe stehe und gaffe. Während ich (hier) stehen bleiben muß, darfst du weitergehen." Damit habe sich der Bauherr, der durchaus über einigen Witz verfügte, als jemand darstellen wollen, der immer nur malocht und nie aus seiner Tretmühle herauskommt. Immerhin hat sich das Malochen gelohnt: „Er brachte es zu einigem Wohlstand", sagt Thomas Ostwald.

Der kleine Affe hoch oben am Huneborstelschen Haus.

Doch der Affe scherzte nicht immer an der Stelle, von der aus er heute so eifrig in seinen Dudelsack bläst. Das ursprünglich in der Straße Sack 5 beheimatete Gebäude wurde 1901 abgerissen: Als die Stadt immer moderner wurde, passte das alte Fachwerkhaus nicht mehr in seine Umgebung. Der Abriss konnte nicht verhindert werden, die Stadt kaufte aber die Bauteile der Fassade und ließ sie unter Stadtbaurat Ludwig Winter (1843-1930) dem gerade neu erbauten Gildenhaus am Burgplatz vorsetzen. Und auf eben dieser Fassade kann selbst das schärfste Auge die Inschrift nicht mehr erkennen, denn sie ist nicht mehr da. Doch zwischen der letzten Renovierung 1890 am alten Standort und dem Abbruch wurde sie 1891 fotografiert und ist immerhin auf diese Weise für die Nachwelt festgehalten.

Das war aber nur der erste Umzug der humorvoll gestalteten Fassade. Denn 1944 drohte dem Haus die Zerstörung durch Bomben, die während des Zweiten Weltkriegs auf die Stadt fielen. Kurzerhand baute man die Fassade ab und lagerte sie in der Domäne Hessen am Großen Fallstein ein. Dort blieb sie für elf Jahre und wurde nach dem Krieg wieder an ihrer heutigen Stelle angebracht. Da acht Holzkonsolen fehlten, wurden diese auf der Grundlage von Fotografien nachgeschnitzt.

Doch zurück zum Erbauer: Friedrich Huneborstel beauftragte vermutlich den Holzbildhauer Simon Stappen mit den Arbeiten, der schon andere Auftragsarbeiten in Braunschweig übernommen hatte. Huneborstel, von Beruf Krämer, wurde 1530 Ratsherr, von 1532 bis 1538 war er Gerichtsherr und von 1538 bis 1551 auch Krämer im Stadtteil Sack. Er war äußerst vermögend und stiftete zum Beispiel 1521 einen dem heiligen Erasmus geweihten Altar für den Dom. Nur ein Jahr später setzte in Braunschweig die Reformation ein, weswegen auf dem Huneborstelschen Haus, mit einer Ausnahme, keine religiösen Motive, sondern ausschließlich volkstümliche zu sehen sind.

„Was man heute dort nicht mehr lesen kann, ist die Inschrift, die früher hier danebenstand."

Friedrich Huneborstel hätte bestimmt über den mehrfachen Umzug seiner Fassade geschmunzelt. Denn Humor hatte er. Sonst hätte sich der Erbauer ja nicht selbst „zum Affen gemacht". Der Humor wird auch noch an anderen Stellen der Fassade deutlich. Doch das ist eine andere Geschichte, die wir ab Seite 64 erzählen. Und wenn der Affe auch oft umziehen musste: Zumindest kam er dabei nicht „vom Regen in die Traufe", sondern nur von einer Hauswand an die andere.

Eva-Maria Bast

....

So geht's zum Affen:

Er hängt an der Fassade des Huneborstelschen Hauses, Burgplatz 2a, links in der Ecke im 3. Stock am oberen Balken.

Christof Bobzin erzählt die Geschichte der Damm-reste der ehemaligen Entenfanganlage.

08

Dammreste

Aus Entenfang wird Naturschutz

Das Naturschutzgebiet Riddagshausen bietet als historische Kulturlandschaft eine faszinierende Vielfalt. Mehr als 100 Brutvogelarten leben hier. Die Wiederansiedlung der Graugänse ist gelungen. Jedes Jahr heißt es: warten auf den Storchennachwuchs. Und neben Wasserdrachen und Fröschen im blauen Königskleid und Libellen – den fliegenden Edelsteinen der Teiche – sind hier auch Zitterlinge, Stinkmorchel und Mönchsköpfe zuhause.

Wenn jedoch der Grafikdesigner, Mitgestalter des Informations-
zentrums und Hobby-Ornithologe Christof Bobzin durch das Gelände

führt, hat er auch seinen voluminösen Rucksack dabei, in dem sich unter anderem die 1938 verfasste Doktorarbeit über *Intrasternale Trachealschlingen bei Vögeln* des Ornithologen Rudolf Berndt befindet, nach dem einer der Wege im Naturschutzgebiet benannt ist. Diese beschreibt detailreich und minutiös die anatomischen Strukturen, die der unglaublichen Lautstärke und Tragweite von Kranichrufen zugrunde liegen. Bobzin: „Die haben nämlich eine absurd lange Trachea (Luftröhre), die im Brustbein, in Schlingen gelegt, verstaut ist. Die Länge macht das Geheimrezept aus, ähnlich wie bei der Mensur eines Blas-

Heute von Bäumen bewachsen: die Dammreste der Entenfanganlage. Im Hintergrund das Haus Entenfang.

instruments oder einer Orgelpfeife."

Doch am Nehrkornweg geht es vorrangig nicht um Flora und Fauna, sondern um den kuriosen Namen des dem Naturschutz gewidmeten Gebäudes: „Haus Entenfang". Was soll er bedeuten in Zusammenhang mit einem anerkannten europäischen Vogelschutzgebiet?

Das Gebäude mit diesem wenig nach Naturschutz klingenden Namen ist ein modernes, multimediales Informationszentrum für das Naturschutzgebiet Riddagshausen, betrieben von der Abteilung Umweltschutz der Stadt Braunschweig. Es bietet alles, was Besucher von solch einer Einrichtung erwarten, und ist in einem pfleglich restaurierten und ausgebauten historischen Gebäude untergebracht.

„Das hier war das Haus des Entenfängers", erklärt Bobzin. „Es stand unweit der Entenfanganlage, von der heute nur noch einzelne Dammreste übrig sind.

Der Braunschweiger weiß, wo die Entenfanganlage lag und wie – vom Beginn des 18. bis zur Mitte des 19. Jahrhunderts – die sie betreibenden Menschen jährlich etwa 1.500 Enten kommerziell fingen.

Man kann die rund 200 Meter lange und etwa 40 Meter breite Anlage am Schapenbruchteich anhand von Dammüberresten noch heute gut identifizieren. An einem von den Dämmen eingefassten, viereckigen Teich waren an allen vier Ecken 30 Meter lange Schleusen, so genannte „Piepen" (Pfeifen) angebracht. Diese verjüngten sich bis zum Ende und dort befand sich ein Netz.

„Das hier war das Haus des Entenfängers. Es stand unweit der Entenfanganlage, von der heute nur noch einzelne Dammreste übrig sind."

Doch wie ging das Fangen der Wildvögel vor sich? Die Enten wurden durch auf dem Teich schwimmende künstliche Vögel angelockt, schwammen in die Piepen hinein und konnten nur am Ende wieder heraus, wo die Ente gerade noch durch das Netz passte. Hier wartete der Fänger auf sie und drehte ihr den Hals um.

Das Fangen von Wildenten war einerseits ein Erwerbszweig zur Erzielung von Einkommen, andererseits diente das Fleisch der Enten zu Nahrungszwecken. Heutzutage ziehen viele Menschen, so sie überhaupt Fleisch essen, einen Reh- dem Schweinebraten aus Massentierhaltung vor. Warum? Verglichen mit dem Schwein haben das Reh und die Wildente, ehe ein überraschender Tod sie ereilt, ein artgerechtes, freies und natürliches Leben gehabt.

Georg Ruppelt

....

So geht's zu den Dammresten:

Das Haus Entenfang liegt in Riddagshausen, Nehrkornweg 2. Die Dammreste kann man nicht weit davon entfernt an der Ecke zum Mittelteich, direkt neben dem neuen NABU Aussichtsturm betrachten.

09

Justitia-Figur

Eine humane Göttin der Gerechtigkeit

Sie zählt zu Braunschweigs bedeutendsten Denkmälern, und doch würdigen die meisten Passanten sie keines Blickes. Zu unscheinbar thront die Justitia des Bildhauers Bodo Kampmann (1913-1978) an der Außenfassade der Staatsanwaltschaft über den Köpfen. Dabei hätte sie es eigentlich verdient, dass ein jeder kurz stehen bleibt und zu ihr hinaufblickt – so wichtig sind sie und ihre Botschaft für die Stadt und die Menschen – nicht nur in Niedersachsen, sondern in ganz Deutschland.

Die Braunschweiger verdanken sie dem bekannten Braunschweiger Generalstaatsanwalt Fritz Bauer (1903-1968), der zunächst als Ankläger in Prozessen gegen ehemalige Nationalsozialisten Justizgeschichte schrieb und Mitte der 1950er-Jahre erheblichen Einfluss auf den Neubau der Braunschweiger Staatsanwaltschaft nahm. Er veranlasste nicht nur die Plastik der Justitia, sondern auch den gut lesbaren Schriftzug des Artikels 1 des Grundgesetzes der jungen Bundesrepublik Deutschland am Haupteingang: *DIE WÜRDE DES MENSCHEN IST UNANTASTBAR. SIE ZU SCHÜTZEN IST VERPFLICHTUNG ALLER STAATLICHEN GEWALT.*

Erst seit 2012 hängt die personifizierte Gerechtigkeit an ihrem heutigen Platz an der Nordwand des Gebäudes mit Blick auf den Dom – und damit vergleichsweise niedrig und menschennah. Denn ihr ursprünglicher Platz an der Westfassade hatte sich in luftiger Höhe von zehn Metern befunden."

Seither ist eine Besonderheit des Kunstwerks gut zu betrachten, die es wohl weltweit einzigartig macht – wenn man sich denn die Mühe macht, ihr mehr als einen flüchtigen Blick zu widmen. Die Braunschweiger Justitia ist eine humane Göttin der Gerechtigkeit ohne Augenbinde, und in den Händen hält sie weder Waage noch Schwert, sondern je eine weibliche und eine männliche unbekleidete Menschengestalt. Sie ist ein Relikt aus einer Zeit, in der man versuchte, mit

Manfred Flotho weist auf Artikel 1 des Grundgesetzes hin, den Generalstaatsanwalt Fritz Bauer am Haupteingang anbringen ließ.

41

den abscheulichsten Taten und Wirkungen des wenige Jahre zuvor erst untergegangenen Unrechtsstaates auf irgendeine Weise klarzukommen, mit welchen aktiven oder aber passiv-abwehrenden, verschleiernden Mitteln auch immer.

Fritz Bauer selbst schrieb über Bodo Kampmanns „Justitia": „Der Künstler hat ihr Schwert und Binde genommen. Der Richter, wie wir ihn heute sehen, ist Schlichter, nicht Henker." Sie sei auch kein blinder und seelenloser Automat, sondern sehe die Wirklichkeit und helfe im sozialen Rechtsstaat, den das Grundgesetz gebietet, den Kleinen und Schwachen, den Mühseligen und Beladenen. „Kampmanns ‚Justitia' bedarf keiner mechanischen Waage, sie ist keine Gewürzkrämerin. Sie selber ist als Waage gesehen und gestaltet und im Gleichgewicht", stellte Bauer 1957 fest.

Justitia thront an der Außenfassade der Braunschweiger Staatsanwaltschaft.

Ein prominenter niedersächsischer Jurist unserer Tage, der langjährige Braunschweiger Oberlandesgerichtspräsident Manfred Flotho, erläutert die aus getriebenem Kupfer geschaffene Figur: „Was unterscheidet die klassische von der modernen Figur? Die Augenbinde sollte demonstrieren, dass der Richter ohne Ansehen der Person zu urteilen hat, die Waage, dass er sorgfältig abwägen soll, und das Schwert, dass das Urteil gegebenenfalls mit aller Härte vollstreckt werden muss." An diesem Grundverständnis habe sich eigentlich nichts Wesentliches geändert. „Die Prinzipien bleiben, aber bei ihrer Realisierung soll die menschliche Zuwendung zwischen Richter und Rechtssuchenden einen höheren Stellenwert bekommen", fährt er fort. Der Richter bediene sich deshalb nicht mehr der mechanischen Werkzeuge, wie Waage und Schwert, und verberge sich auch nicht hinter einer Augenbinde. Nein, er soll sich sehenden Auges und mit menschlicher Empathie in die Rechtsfindung einbringen, sich in Gedanken und Gefühle der betroffenen Menschen hineinversetzen und so ihre Probleme gegeneinander abwägen. Das ist die Botschaft Bodo Kampmanns, die in der Braunschweiger Justiz nicht unerhört geblieben ist.

„Seine Justitia erscheint ohne jeden Prunk. Sie nimmt die streitenden Menschen an oder in die Hand und will damit zur Versöhnung beitragen. Ein Rechtsverständnis dieser Art hat sich in Braunschweig über die Jahrhunderte hinweg ausgeprägt und ist nicht überall in gleicher Form anzutreffen", fasst Manfred Flotho zusammen.

Das kleine Land Braunschweig, so führt er weiter aus, habe sich gegenüber den mächtigen Nachbarn Preußen und Hannover ganz wesentlich durch den Reichtum seiner Kultur behaupten können, dies gelte analog auch für die hiesige Justiz. Man habe sich den Menschen eher geöffnet als in anderen Ländern, wo die Richter in Zivilsachen nur Kontakte zu den Rechtsanwälten gepflegt hätten, kaum aber zu den betroffenen Menschen. „Das hat in Braunschweig über Jahre hinweg zu schneller erledigten und weniger vom Bundesgerichtshof korrigierten Zivilverfahren und zu mehr Vergleichen geführt als anderswo – im Interesse der betroffenen Menschen", blickt Manfred Flotho zurück.

Flotho selbst hatte 1978 als damals 41-jähriger Vorsitzender Richter am Landgericht den weltweites Aufsehen erregenden Prozess gegen Ferenc Sos zu führen, einen Massenmörder, der im Braunschweiger Stadtteil Mascherode 1977 den Direktor der örtlichen Volksbank, dessen Ehefrau und drei ihrer vier Kinder ermordete, nachdem er sie als Geiseln genommen und ein Lösegeld erhalten hatte. Medien wie der Spiegel lobten damals die faire Prozessleitung durch Richter Flotho.

Georg Ruppelt

So geht's zur Justitia-Figur:

Die „Justitia" ist am Gebäude der Braunschweiger Generalstaatsanwaltschaft, Fritz-Bauer-Platz 1, knapp 100 Meter südwestlich des Domes zu betrachten.

Inschrift

Bildung für Braunschweigs Schüler

Man kann die Inschrift nicht mehr wirklich gut entziffern, weil einige Buchstaben fehlen oder abgebrochen sind. Und wenn man sie lesen könnte, müsste der, der des Lateinischen nicht mächtig ist, trotzdem rätseln, was sie bedeuten soll. Mario Wenzel-Becker weiß, wie die Inschrift vollständig lauten muss. Und dass sie einst an einem ganz anderen Gebäude hing. *SINITE PUEROS ET NE PROHIBEATIS EOS AD ME VENIRE TALIUM EST ENIM REGNUM COELORUM. MATTH.*, steht hier geschrieben, was so viel bedeutet wie „Lasst die Kinder und hindert sie nicht, zu mir zu kommen, denn solchen gehört das Himmelreich".

„Der Spruch aus dem Matthäusevangelium hing im 18. Jahrhundert am Traufgesims der Martinsschule am Ziegenmarkt", sagt der Braunschweiger. Die Geschichte dieses Schulgebäudes ist ganz ähnlich wie die so vieler Häuser in jener Zeit – vor allem im stark bombardierten Braunschweig: Es wurde im Zweiten Weltkrieg zerstört. Aber die Inschrift konnte man retten und 1955 an ihrem heutigen Platz anbringen. Doch die Geschichte der Martinsschule – die als Martino-Katharineum immer noch besteht – ist eine deutlich längere und geht viel weiter zurück. Eigentlich bis ins Jahr 1415, als die Lateinschulen Martineum und Katharineum gegründet wurden.

„Der Stadtrat wünschte sich damals sozusagen freie Lateinschulen, also solche, die nicht klerikal waren", erklärt Mario Wenzel-Becker. „Denn die dem Klerus unterstellten Schulen kümmerten sich natürlich vor allem darum, dass Priester ausgebildet werden." Gegenpapst Johannes XXIII. (um 1370-1419) stimmte den Plänen zu und erklärte 1415 in seiner Gründungsurkunde: Wir „(…) ordnen aufgrund unserer apostolischen Autorität durch den Wortlaut dieses Dokumentes an, daß auch bei der Kirche des heiligen Martin und der der heiligen Katharina jeweils eine ganz ähnliche Schule der erwähnten Art gegründet und fortgeführt werden darf (…)". Auf die päpstliche Genehmi-

Mario Wenzel-Becker hat herausgefunden, was die Inschrift bedeutet.

gung hin wurden zwei Schulen gegründet. „Eine in der Nähe der St.-Martini-Kirche, die bekam den Namen Martineum. Und eine in der Nähe der St. Katharinen-Kirche, die nannten sie Katharineum", erklärt der Gästeführer. Das Martineum wurde von Schülern der Weichbilder Altstadt, Altewiek und Sack besucht, es bestand anfangs aus zwei Fachwerkhäusern in der Jakobstraße. Ins Katharineum ging, wer im Hagen oder der Neustadt wohnte.

„Doch nach der Reformation stand man der allgemeinen Bildung ja sehr viel offener gegenüber, was dazu führte, dass noch mehr Schüler zur Schule gingen. Deswegen reichten die Räumlichkeiten des Martineums nicht mehr aus", erläutert Mario Wenzel-Becker die Ursachen für die Erweiterung, denn ab 1578 wurde gebaut. Da es an finanziellen Mitteln mangelte, dauerte es allerdings bis 1595, bis der Neubau so weit fertig war, dass die Schüler ihn beziehen konnten. „Dieses Gebäude stand am Ziegenmarkt, das ist dort, wo sich heute der Bankplatz befindet", erklärt Wenzel-Becker die Lage des damaligen Schulgebäudes, dessen Fassade und Portal reich geschmückt waren. „Und das war eben das Haus, an dem auch die Inschrift angebracht war."

Die nicht mehr ganz erhaltene Inschrift.

Das Katharineum befand sich zunächst an der Katharinenkirche, wuchs aber ebenfalls schnell und zog 1537 ins Paulinenkloster um, das nach der Reformation säkularisiert worden war. So ganz ideal war das aber nicht: „Das Kloster war recht baufällig, außerdem stank es ziemlich, weil sich in unmittelbarer Nachbarschaft Schweineställe befanden", schildert Mario Wenzel-Becker die Nachteile des neuen Standorts. Ein Neubau sollte Abhilfe schaffen, und am 8. Juli 1700 wurde das neue Schulhaus des Katharineums am Hagenmarkt eingeweiht.

Beide Schulen wurden 1745 zu Gymnasien erhoben und im Januar 1828 mit dem neuen Realgymnasium (heute Oberschule) zu einem Gesamtgymnasium vereint. Das führte jedoch zu Ärger: Die

Schulen blieben zwar an ihren einstigen Standorten, aber das neue Realgymnasium zog ebenfalls am Ziegenmarkt ein. Und die Pro- und Realgymnasiasten mochten sich anfangs so gar nicht leiden, was sich in Streitereien und auch in regelrechten Kampfhandlungen zwischen den Schülern Bahn brach. Das führte dazu, dass das Realgymnasium 1856 am Ziegenmarkt aus- und am Hagenmarkt einzog, während das Katharineum seinerseits zum Martineum zog. So wurden das Martineum und das Katharineum zum Martino-Katharineum.

Doch die Schülerzahlen stiegen weiter, sodass 1866 neu gebaut wurde. „Man traute sich, in diesem Neubau die Schulen zu vereinen. Das Martino-Katharineum und das Realgymnasium", sagt der Gästeführer. Allerdings waren von vorneherein getrennte Schulhöfe und Turnhallen eingeplant. Am 12. Oktober 1869 wurde der Neubau an der Breiten Straße bezogen. Übrigens: Dass das Martino-Katharineum eine Rolle beim klassischen Fußballsauf dem Kontinent spielt, wissen die wenigsten, es erfreut aber die Freunde des runden Leders. Denn Prof. Dr. phil. Konrad Koch, Lehrer für Altgriechisch, Latein, Geographie und Geschichte am Martino-Katharineum, zog mit seinen Schülern am Nachmittag des 29. September 1874, also an Michaelis, zum kleinen Exerzierplatz, da nirgendwo sonst Platz zum Kicken war, und gab ihnen einen Lederball für das neuartige Spiel. Später wurden die Bälle von Dolffs & Helle hergestellt und kosteten 10,50 Reichsmark.

Heute wird das Martino-Katharineum von rund 920 Jungen und Mädchen besucht. Und wer in die Aula will, geht durch das Portal, das sich einst an der Martinsschule am Ziegenmarkt befand und, wie die Inschrift, den Bombenhagel überstand.

Eva-Maria Bast

So geht's zur Inschrift:

Sie befindet sich am Gebäude Hinter Liebfrauen 1b über dem Durchgang.

Andreas Jäger hat lange gerätselt, was es mit dem abgebrochenen Mauerstück auf sich hat.

Mauerkante

Der Prinz wollte einen Rittersaal

Als Kind hat Andreas Jäger immer gedacht, es handle sich um ein Überbleibsel aus dem Zweiten Weltkrieg. Deshalb hat er sie immer ein bisschen schaudernd betrachtet, die Mauer an der Burg Dankwarderode, die tatsächlich so aussieht, als habe man ein Stück von ihr gewaltsam entfernt: Unregelmäßig ragen die Steine an der Stelle heraus, wo die Mauer plötzlich endet. „Als Erwachsener habe ich dann herausgefunden, dass es mit den Steinen eine ganz andere Bewandtnis hat", sagt der Stadtführer und holt etwas weiter aus:

Schon in der zweiten Hälfte des 12. Jahrhunderts habe sich hier die Burg Dankwarderode befunden – als Pfalz Heinrichs des Löwen (um 1129/1130 oder 1133/35-1195). „Diese Burg war viel größer als die heutige", erzählt der gebürtige Braunschweiger. „Wir sind hier ja auf einer Okerinsel, und damals wurde die gesamte Insel von der Burg ausgefüllt." Die Burg Heinrichs des Löwen habe in etwa Ausmaße von der Münzstraße bis zum Vieweghaus und vom Ruhfäutchenplatz bis zum Domplatz gehabt. „Es gab im ersten Obergeschoss einen direkten Zugang zum Dom", sagt der Gästeführer. „Doch im Jahr 1252 wurde die Burg Dankwarderode bei dem Großen Altstadtbrand zerstört." Die Ruinen hätten bis in die 1580er-Jahre dort gestanden, dann wurden sie abgerissen. Der Palas blieb erhalten und wurde 1616 im Stil der Renaissance umgebaut, Ende des 17. Jahrhunderts kamen Anbauten dazu, weitere Umbaumaßnahmen im südlichen Teil erfolgten in den 1760er-Jahren. „Und ab 1808 war der Palas eine Kaserne", sagt Jäger. Nach einem erneuten Brand 1873 war ein Abriss angedacht, doch die Bürger protestierten erfolgreich – im Gegensatz zu jenen, die sich keine 100 Jahre später gegen den Abbruch des Schlosses zur Wehr setzen sollten. 1878 wurde die Ruine durch die Stadt erworben. Für einen Wiederaufbau reichten die Mittel nicht aus.

Die Burg Dankwarderode war im Mittelalter viel größer als heute.

Doch dann wurde der preußische Prinzregent Albrecht (1837-1906) im Jahr 1885 von der braunschweigischen Landesversammlung zum Regenten des Herzogtums Braunschweig gewählt. „Der Prinzregent ließ die Burg im neoromanischen Stil wiederaufbauen, um im Saal im ersten Obergeschoss alljährlich Ritterspiele abzuhalten", erzählt Andreas Jäger. Architekt Ludwig Winter (1843-1930) entschied dann, eine bruchstückhafte Mauer anzubauen und damit aufzuzeigen, dass sich die Burg Dankwarderode ursprünglich noch viel weiter erstreckt hatte.

Der Braunschweiger fasst zusammen: „Damit verdanken wir unser Prunkstück, die Burg Dankwarderode von Heinrich dem Löwen, einem Preußen, der hier Ritterspiele veranstalten wollte." Und seinem Architekten ein ganz besonders spannendes Relikt.

Eva-Maria Bast

So geht's zur Mauerkante:

Sie findet sich an der Burg Dankwarderode am Burgplatz.

Hinter diesem Balkon steckt eine düstere Geschichte.

12

Erscheinungsbalkon

Gebäude mit wechselhafter Vergangenheit

„D er Balkon dort oben wird oft mit dem Führerbalkon der Berliner Reichskanzlei verglichen", erzählt Pastor Wolfgang Jünke und deutet auf einen knapp 60 Meter langen und gut 20 Meter hohen Gebäudekomplex am Welfenplatz in der Braunschweiger Südstadt. Durch die Fensterfront und die Eingangstür des Bauwerks sind Regale eines Lebensmittelgroßmarktes zu sehen und Menschen, die geschäftig einkaufen. Ein ungewöhnlicher Anblick, vergleicht man dieses kirchenartige Gebäude mit anderen Supermärkten. Der steinerne „Führerbalkon", von dem Jünke spricht, ist über dem Eingang angebracht. Doch was hat es damit auf sich? Wolfgang Jünke weiß dieses eigenartige Geheimnis zu lüften. Er ist seit 1979 Pastor in der evangelischen Martin-Chemnitz-Gemeinde und ein guter Bekannter seines Heimatpfleger-Kollegen Wilhelm Lehmann, der die Geschichte des großen Hauses akribisch erforscht hat. „Mit einer Kirche hat das klobige Gebäude am Welfenplatz nichts zu tun, mit den Nationalsozialisten hingegen alles", fängt Jünke an zu erklären. Die nationalsozialistischen Erbauer hätten allerdings mit diesem Baustil bis hin zum Baumaterial die christlichen Kirchen bewusst nachgeahmt. „Das NSDAP-Gemeinschaftshaus sollte die sonst in Ortschaften meist im Zentrum stehenden Kirchen in der Lehrsiedlung Mascherode als Ort der Würde und Weihe ersetzen."

„Das NSDAP-Gemeinschaftshaus sollte die sonst in Ortschaften meist im Zentrum stehenden Kirchen in der Lehrsiedlung Mascherode als Ort der Würde und Weihe ersetzen."

Um Architekturstudenten zu unterrichten, umfasste diese Lehrsiedlung, die heute „Südstadt" heißt, an Größe und Nutzungszweck verschiedene Bautypen. Sie wurde von 1936 bis 1939 von der Deutschen Arbeitsfront (DAF) errichtet, dem nach dem Verbot der Gewerkschaften gegründeten Einheitsverband der Arbeitnehmer und Arbeitgeber, seit 1934 eine Untergliederung der NSDAP. Ursprünglich war die Siedlung für 2.500 Menschen geplant. „Eigentlich sollte durch die zu den Häusern gehörenden Gärten und Stallungen ein gewisser Selbstversorgungseffekt für die Familien eintreten", erläutert Wolfgang Jünke. Doch später kamen die Stadtplaner von diesem Vorhaben ab und legten die Siedlung für nunmehr 5.500 Einwohner aus.

In ihrem Mittelpunkt ließen sie neben dem Marktplatz das „NSDAP-Gemeinschaftshaus" errichten. Im Juli 1937 fand im Beisein des damaligen Ministerpräsidenten Dietrich Klagges, des Oberbürgermeisters Dr. Wilhelm Hesse, eines Vertreters der DAF und anderen Vertretern des öffentlichen Lebens das Richtfest des vom „Amt Schönheit der Arbeit" geplanten Gebäudekomplexes statt. „Er bestand aus einem Feierhaus mit dem schon erwähnten Erscheinungsbalkon und einem Seitenflügel mit Laubengang", sagt der Pastor. Der Seitenflügel war den Verwaltungsbüros der NSDAP und ihrer Gliederungen vorbehalten. „Mich erinnert der Seitenflügel durchaus an eine Art Kreuzgang, was mit den Absichten der Erbauer übereinstimmen könnte", überlegt Jünke mit Blick auf das Gebäude.

Besucher betraten den Hauptbaukörper, das Festhaus, durch einen Windfang. Links davon war der Aufgang zum Erscheinungsbalkon, der auf einen weiträumigen Platz blickte und Zwecken der Machtdemonstration von Herrschern oder hochrangigen Personen diente. „Diese Balkone sind seit Jahrhunderten öffentlichen oder repräsentativen Bauten eben zum Zweck des Erscheinens und Heraustretens angefügt worden", erklärt Wolfgang Jünke das Bauelement.

Rechts vom Eingang lag der Aufgang zum Glockenraum. Die Nationalsozialisten wollten ein Glockenspiel für ihre doch eher antikirchlich konzipierte Einrichtung? Pastor Jünke schmunzelt: „In der Tat kann man die sechs halbmondartigen Wandöffnungen im Glockenraum hoch über dem Portal im Giebelfeld noch sehen. Nur wenige wissen aber, dass dies nicht etwa Fenster zum Herausschauen waren, sondern Wandöffnungen zum Herausschallen des Glockenklanges." Allerdings sei der Glockenraum aufgrund des Kriegsausbruchs nicht mehr mit einem Glockenspiel, das zu den Parteiversammlungen und -feiern rufen sollte, bestückt worden.

Über dem Hauptportal war eine riesige Adler-Skulptur mit ausgebreiteten Schwingen als Hoheitszeichen angebracht. In den Krallen hielt der Vogel ein umkränztes Hakenkreuz. Die Figur wurde bald nach Kriegsende entfernt, doch Wolfgang Jünke weist darauf hin, dass man ohne viel Phantasie noch Teile der Adlerschwingen deutlich erkennen könne. „Die stilisierte Hauptfassade mit den Schallöffnungen, doch ohne die noch erkennbaren Flügelteile, wurde übrigens 2009 zum

Wappen der Siedlung gewählt, was einige auch kritisch kommentierten", erklärt er.

Nach dem Windfang betrat man eine Ehrenhalle, in der an die Toten des Weltkriegs erinnert wurde sowie an drei „Braunschweiger Opfer der Bewegung", die bei Straßenkämpfen ums Leben gekommen waren. Dahinter öffnete sich die 650 Quadratmeter große Festhalle mit ihrem offenen Dachstuhl. Anschließend weist der Grundriss einen Gemeinschaftsraum und zwei kleine Räume als Spiel- und Lesezimmer aus. Eine ornamentreiche Eichenholztreppe führte von dort aus in den „Feierabendsaal" im Obergeschoss.

Der Architekturhistoriker Dr. Markus Mittmann schreibt in seiner Publikation *Bauen im Nationalsozialismus* über das Gebäude: „Zusammengenommen umfasste das ‚NSDAP-Gemeinschaftshaus' überwiegend Flächen, die nicht einen realen Gebrauchswert, sondern die Funktion von Kulträumen besaßen und bis 1945 nur selten benutzt wurden."

Das änderte sich in den folgenden Jahrzehnten. Das Gebäude wurde nach 1945 als Veranstaltungsort für Boxkämpfe und als Kino genutzt — das beliebte „Roxy Film-Casino", das schließlich dem gesamten Gebäudekomplex bis heute den Namen „Roxy" gab. Es gibt hier Bildungsstätten, eine Bücherei, ein Jugendzentrum und vieles andere mehr und schließlich – den Supermarkt!

Gerade deshalb ist es richtig und wichtig, dass Heimatpfleger wie Wolfgang Jünke und Wilhelm Lehmann, Wissenschaftler und interessierte Bürger an die Zeit der Entstehung des Gebäudes erinnern und sie erforschen. Und so dafür sorgen, dass diese Jahre nicht in Vergessenheit geraten.

Georg Ruppelt

So geht's zum Erscheinungsbalkon:

Der so genannte Führerbalkon befindet sich am Welfenplatz 17 in Braunschweig-Südstadt. Er ist vom Parkplatz Welfenplatz über dem Eingang zum Lebensmittelmarkt nicht zu übersehen.

Jürgen Köpke geht etwas bewusster durch die Herrendorftwete, seit er weiß, welchen Zweck diese Bodenplatten ursprünglich hatten.

Plattenweg
Das zweite Leben der Grabsteine

Ihre einstige Bestimmung erfüllen sie schon lange nicht mehr: an Menschen zu erinnern, die nicht mehr unter uns weilen. Trauernde Hinterbliebene haben es sich einst gut überlegt, welche Inschrift sie für den behauenen Grabstein für einen verstorbenen Angehörigen wählen. Ob sie nur den Namen und das Geburts- und Sterbedatum einmeißeln lassen sollen oder vielleicht noch einen Spruch, der für den Verstorbenen von Bedeutung war, ihn charakterisiert oder ihn im Jenseits begleiten soll. Heute ist von all dem nichts mehr zu sehen. Keine Menschen verweilen mehr vor den Grabsteinen, um hier ihrer Trauer Raum zu geben. Vielmehr gehen Unzählige Tag für Tag achtlos darüber hinweg – nicht ahnend, dass es sich bei den Platten um alte Grabsteine handelt. Denn die Seite, auf der die Inschrift eingemeißelt ist, hat man nach unten gekehrt.

„Dieser Weg, die Twete, ist mit alten Grabsteinen belegt", sagt Jürgen Köpke. Gelegt worden seien die Platten schon im Mittelalter: „Braunschweig ist eine Stadt, die aus fünf Siedlungsteilen bestand, die im Mittelalter Weichbilde genannt wurden", erklärt Köpke. „Ein Weichbild war immer eine Stadt für sich mit Rathaus, Kirche und Marktplatz. Innerhalb der Weichbilde gab es unterschiedliche Nutzungen. In diesem Weichbild Altewiek, zu dem das Magniviertel gehört, haben die Bauern gelebt, die Nahrungsmittel für ihre Herren angebaut haben. Daher auch der Name Herrendorftwete." Jürgen Köpke, der einige Zeit in diesem entzückenden Stadtteil voller Winkel, Gässchen und Fachwerkhäuser verbracht hat, meint: „Mit der Abfallentsorgung hatte man es damals noch nicht so", womit er sagen will: „Müll und Unrat wurden einfach aus dem Fenster auf die Straße gekippt, was den ohnehin schon weichen Erdboden noch unbegehbarer machte." Eine nicht gerade angenehme Vorstellung, für die allerdings schon damals wirksame Abhilfe erdacht wurde: Um den Weg besser reinigen und vor allem, um trockenen Fußes hindurchkommen zu können, wurden alte Grabsteine des nahegelegenen Kirchhofs der Magnikirche verwendet. Früher befanden sich um die meisten Kirchen Friedhöfe, und die Magnikirche war die Pfarrkirche des Weichbilds Altewiek. Nun ließ sich der Weg auch – gelegentlich – mit Wasser säubern: „Die Herrendorftwete fällt ein bisschen ab in Richtung der Gärten, in denen die Armen Gemüse anpflanzen konnten. Da wurde dann der ganze Unrat hingespült", sagt der Braunschweiger. Natürlicher Dünger inklusive.

Davon, dass sie auf umgedrehten Grabsteinen gehen, haben die Menschen damals vermutlich gewusst, im Gegensatz zu heute. Aber wenn man es nun weiß, dann setzt man seine Schritte vielleicht etwas behutsamer, wenn man im Magniviertel durch die Herrendorftwete geht.

Eva-Maria Bast

....
So geht's zum Plattenweg:

Die Platten verlaufen durch die Herrendorftwete.

Wassergasse

Auf kurzem Wege an die Oker

D ie unscheinbare, schmale Gasse führt vom Alten Platz im Braunschweiger Ortsteil Stöckheim zum Fluss, zur Oker. Und wer ihre Geschichte nicht kennt, der würdigt sie keines Blickes. Doch für Heimatpfleger Rudolf Zehfuß ist sie ein besonderes und schützenswertes Relikt der Stöckheimer Vergangenheit – und zwar der Vergangenheit als Sackgassendorf.

Denn die Gasse am Ende des Alten Platzes ist die letzte der so genannten Wassertweten oder Wassergassen. „Und damit sind nicht die Brandbekämpfungstechniken der Feuerwehr gemeint, auch wenn die dörflichen Wassergassen immer eine wichtige Rolle bei Feueralarm spielten", erklärt der ehemalige Mathematik-, Physik- und Kunstlehrer am Braunschweig-Kolleg.

Doch was hatte es mit den Wassergassen dann auf sich, wenn sie nicht vornehmlich dem Löschen von Bränden galten? „Stöckheim hat sich vermutlich aus einem Einreihendorf, in dem alle Höfe in einer Reihe direkt an der Oker lagen, zu einem Sackgassendorf entwickelt", blickt Zehfuß in der Geschichte des Stadtteils zurück. Heute sind noch die Sackgassen Alter Platz, Dorfplatz, Kirchenbrink und Bruchweg vorhanden. „Man darf annehmen, dass alle diese Sackgassen ihre Fortsetzung in sogenannten Wassertweten hatten, die das Ende der Gasse mit der Oker verbanden", schildert der Heimatpfleger die Entwickung des heutigen Ortsbildes.

Am Fluss selbst hatten sich die großen Bauernhöfe direkt nebeneinander angesiedelt, was ihnen vieles erleichterte, unter anderem die Versorgung der Nutztiere. Dank der fünf Wassertweten in öffentlichem Eigentum, die zwischen den schon vorhandenen Gehöften zur Oker geführt wurden, hatten auch die Einwohner, die sich in einer zweiten Reihe abseits der Oker angesiedelt hatten, den Zugang zum lebensnotwendigen Wasser des Flusses. Das waren die Kotsassen. „Mit Kotsassen oder auch Köter oder Kötter bezeichnete man

Heimatpfleger Rudolf Zehfuß sorgte dafür, dass die letzte verbliebene Wassergasse unter Denkmalschutz gestellt wurde.

in früheren Jahrhunderten Dorfbewohner, die einen Kotten oder eine Kate besaßen und nur wenig Land zur Verfügung hatten", erklärt der Heimatpfleger. Dies reichte oft nicht zum Lebensunterhalt aus, und so arbeiteten die Kotsassen zusätzlich als Tagelöhner oder Handwerker.

Viele hatten auch einen anderen Haupterwerb und führten ihren Hof nur als Nebenerwerbslandwirtschaft. „Alle Dorfbewohner besaßen das Recht auf freien Zugang zur Oker, um dort Wasser zu holen und ihre Wäsche zu waschen", erläutert Zehfuß die Bedeutung der Tweten und erinnert sich: „Eine inzwischen verstorbene Nachbarin hat mir lebhaft geschildert, wie sie genau dieses getan hat."

Die Kothöfe waren so angelegt, dass ihre Bewohner auf möglichst kurzen Wegen an die Oker gelangen konnten, um ihre Wassergefäße an einer öffentlichen „Fülle" zu füllen. Die Anlieger an der Oker besaßen eigene „Füllen", so wurden die Anlagen zum Wasserschöpfen genannt. „Diese bestanden aus zwei hölzernen Plattformen am Ufer in unterschiedlicher Höhe, eine für Hoch- und eine für Niedrigwasser", erklärt Rudolf Zehfuß. Im Sommer wurden die Füllen von der Dorfjugend auch gern zum Baden genutzt.

Die letzte verbliebene Wassergasse, die nur wenige Schritte vom Hof des Stadtheimatpflegers entfernt existiert, war die südlichste und für das Dorf wichtigste in Verlängerung der Sackgasse Alter Platz und bot Zugang für vier Hofstellen. Der Heimatpfleger sorgte dafür, dass sie im Jahr 2001 unter Denkmalschutz gestellt wurde. Sie ist Eigentum der Stadt Braunschweig, aber heute unzugänglich versperrt.

Das bedauert Rudolf Zehfuß: „Es wäre zu begrüßen, wenn dieses für Stöckheim wichtige Kulturdenkmal seine ursprüngliche Funktion als Zugang zur Oker vom Dorfe her zurückerhalten würde." Wenn die

Wassergasse wieder hergerichtet und geöffnet sei, müsse sie zur Vervollständigung der historischen Gegebenheiten eigentlich auch wieder eine zweistufige Fülle über der Oker erhalten.

Zehfuß selbst kennt sich hervorragend aus, wenn es darum geht, historische Gegebenheiten wiederherzustellen. Schließlich wohnt er in einem ehemaligen Kotsassenhof. „Der Hof war damals in völlig verrotteter Verfassung, als wir ihn kauften, und es hat mich und meine Familie viel Mühe und Arbeit gekostet, um ihn in seinen jetzigen Zustand zu bringen", erinnert er sich. Sein damaliger Nachbar, Dr. Wilhelm Bornstedt, sei Ortsheimatpfleger gewesen und habe ihn oft ermuntert und auch beraten, wie

„Man darf annehmen, dass alle diese Sackgassen ihre Fortsetzung in sogenannten Wassertweten hatten, die das Ende der Gasse mit der Oker verbanden."

man solch ein Haus seiner Geschichte angemessen rekonstruieren und renovieren könne. Jetzt würde Zehfuß gern dazu beitragen, dass auch die letzte Stöckheimer Wassergasse dementsprechend wiederhergestellt wird.

Georg Ruppelt

....

So geht's zur Wassergasse:

Von Braunschweig aus nördlicher Richtung nach Stöckheim kommend den Alten Weg in südlicher Richtung entlangfahren. Die zweite Sackgasse auf der rechten Seite ist der Alte Platz. Am Ende der Straße befindet sich die abgesperrte Wassergasse zwischen zwei alten Gebäuden.

Wappen

Vom Betteljungen zum barocken Millionär

*E*s ist ein ganz außergewöhnlich schönes Wappen, das über dem Eingang Breite Straße eines Hauses am Altstadtmarkt über einer unscheinbaren Tür angebracht ist. Deutlich sind darin ein breitkrempiger Hut und eine Rosette zu erkennen. Darüber ist zu lesen: *Francisco Maria Cabpellini Stickinelle 1690*. Das Wappen ist ein Relikt, das nicht nur an das aufregende Leben eines jungen Mannes erinnert, sondern auch an den Aufstieg eines Betteljungen zum barocken Millionär.

Die gebürtige Braunschweigerin Dr. Silke Wagener-Fimpel hat in Göttingen Geschichte und Germanistik studiert und dabei einen Schwerpunkt auf niedersächsische Landesgeschichte gelegt. Ihre Dissertation beschäftigte sich mit Pedellen, Mägden und Lakaien an der Göttinger Universität bis zum Ende des Königreiches Hannover 1866. Ihre Forschungen zur Sozialgeschichte haben sie auch zu eben jenem Francesco Maria Capellini, genannt Stechinelli, geführt, geboren 1640 in Rimini, gestorben 1694 in Celle, beerdigt in Hildesheim, zu dem das Wappen gehört.

Dieser Mann war die barocke Variante des Mythos „Vom Tellerwäscher zum Millionär". Er reüssierte in den drei welfischen Fürstentümern Braunschweig-Wolfenbüttel, Lüneburg und Hannover auf das Feinste. Seine Lebensgeschichte hat einem Roman von Werner von der Schulenburg (1911) und einem „vaterländischen Volksstück" von Wilhelm Waldschläger (1909) zur Vorlage gedient, und es ist eigentlich verwunderlich, dass sie bisher nicht verfilmt worden ist.

Silke Wagener-Fimpel ist der Meinung, dass Francesco Maria wohl tatsächlich aus dem verarmten venezianischen Adelsgeschlecht Capellini stammen könnte, wie er selbst angab. „Er lernte 1655 in Rom Herzog Georg Wilhelm kennen. Der nahm ihn mit nach Hannover, wo er ihn erziehen ließ und als Kammerdiener beschäftigte", führt die Archivoberrätin weiter aus. Verschiedene Legenden berichten, wie der junge Mann durch Bescheidenheit, Ehrlichkeit und Treue die Gunst des Herzogs gewann und ihm einmal sogar das Leben rettete, indem er ein Mordkomplott zweier Venezianer aufdeckte. Der Herzog schenkte ihm aus Dankbarkeit für seine treuen Dienste den Ballhof in Hannover, ein Haus für Festlichkeiten und das Federballspiel sowie für eine Frühform des Tennis, das Capellini, als er seinem Herzog nach Celle folgte, mit Gewinn verkaufte. In Celle kam er zu Reichtum und Einfluss, unter anderem durch das Monopol für den Auslandshandel mit Wein und Tuch. Aus zwei Ehen gingen 14 Kinder hervor.

Das Wappen des in den erblichen Reichsadelsstand erhobenen Francesco Maria Capellini.

Für die drei bzw. vier Welfenherzöge Georg Wilhelm (Celle), Ernst August (Hannover) und Rudolph August sowie Anton Ulrich (Wolfenbüttel) war er als politischer Agent in diplomatischen Missionen nach Wien, Rom und anderen europäischen Höfen unterwegs. „Doch damit nicht genug", sagt Wagener-Fimpel, „machten sie ihn überdies zum Generalerbpostmeister für ihre Fürstentümer – ein einträgliches Amt, das er schließlich verkaufte, was ihm den Erwerb zahlreicher weiterer Güter und Häuser ermöglichte." Einflussreiche Ämter und die Erhebung der Familie Capellini in den erblichen Reichsadelsstand mit dem Namen „von Wickenburg" durch Kaiser Leopold I. (1640-1705) folgten.

1689 erwarb Stechinelli in Braunschweig ein Haus für 2.300 Taler. Er ließ es umbauen und machte es als Geschäftshaus zu einem wichtigen und prachtvollen Bestandteil der Braunschweiger Messe. „Zum Andenken an seine Herkunft und frühere Armut ließ Stechinelli in stolzer Demut in den Giebeln über den Fenstern abwechselnd einen Bettlerhut und eine Rosette anbringen", macht Wagener-Fimpel deutlich. Das redende Wappen der Familie Capellini zeige nämlich einen schwarzen Hut mit breiter Krempe, weil sich der Familienname von italienisch „cappello" (Hut) ableite. Über dem Portal des Seitenflügels des Gebäudes in der Breiten Straße ist das Stechinelli'sche Wappen in

Stein eingehauen. „Wesentlich jünger ist dagegen die Statue an der Ecke des Hauses, die den kleinen Francesco mit dem namengebenden Hut darstellt. Sie wurde erst um 1870 von dem Bildhauer Julius Meyer geschaffen. Als Vorbild diente ein Ölgemälde, das Stechinelli um 1692 hatte anfertigen lassen und das ihn als Bettelknaben zeigt", weiß die Historikerin. Da Stechinelli Katholik war, soll in dem Haus unter seinem Schutz 1691 erstmals wieder nach der Reformation eine katholische Messe zelebriert worden sein.

„Zum Andenken an seine Herkunft und frühere Armut ließ Stechinelli in stolzer Demut in den Giebeln über den Fenstern abwechselnd einen Bettlerhut und eine Rosette anbringen."

Das während des Zweiten Weltkrieges vollkommen zerstörte Stechinelli-Haus wurde schon 1948 originalgetreu wiederaufgebaut und das erhalten gebliebene prächtige Portal im Stil der Spätrenaissance eingegliedert. So ist das Wappen mit Hut und Rosette auch heute noch zu sehen und erinnert an den sagenhaften Aufstieg des Francesco Maria Capellini.

Welch eine Lebensgeschichte! Und welch ein Irrtum, wenn manche meinen, dass Archivare, Heimatpfleger und Geschichtsbegeisterte einer langweiligen Beschäftigung frönten. Die Wahrheit ist: Sie sehen mehr von der Welt.

Georg Ruppelt

So geht's zum Wappen:

Das Haus ist das Eckhaus am Altstadtmarkt / Breite Straße. Von der Ecke geht man etwa 15 Schritte in die Breite Straße und steht vor dem Portal.

Diese Skulptur zeigt einen Schuldner. Aber warum?
Dahinter steckt eine ganz besondere Art von Humor.

16

Skulpturen

Charmant gesagt: Du kannst mich mal!

D ie Fassade ist prachtvoll geschmückt. Der Hausbesitzer, ein Patrizier, gedachte damit seinen Reichtum und seinen Erfolg für alle sichtbar zu machen. „Aber gleichzeitig wollte er auch zeigen, dass er Sinn für Humor hat", erzählt Thomas Ostwald, der der Fassade ganz besondere Aufmerksamkeit geschenkt hat. „Wenn Sie genau hinsehen, können Sie zwei Figuren entdecken, die miteinander korrespondieren. Die eine ist der Schuldner, die andere der Gläubiger."

Der Braunschweig-Kenner kann aus der Gebärdensprache der beiden viel herauslesen: „Der Gläubiger ist natürlich ganz klar der reiche Kaufmann." Man erkenne ihn schon an der Kleidung, die im Gegensatz zu der des Schuldners sehr prachtvoll und reich ist. „Er trägt sogar eine Brille, das ist schon was Besonderes zu der Zeit. Und er steht ja sehr distinguiert da", findet Ostwald. „Der Schuldner winkt ihm freundlich zu, als wolle er sagen: Schön dich zu sehen, das ist mir auch überhaupt nicht unangenehm, denn du bekommst dein Geld natürlich." Doch der Kaufmann lässt sich nichts vormachen. Thomas Ostwald auch nicht: „Die linke Hand hat der Bursche auf der Tasche, außerdem hält er ein Tamburin in der Hand. Das Instrument, das sonst Spieler und Gaukler bei sich führen, verstärkt die Geste noch. Das sind eindeutige Hinweise: Du kannst mich mal!, in diesem Leben siehst du kein Geld mehr von mir. Denn die linke Hand ist die unsaubere. Noch bis ins 17. Jahrhundert isst man nicht mit der linken Hand. Es gibt ja auch keine Gabeln. Mit der linken Hand säubert man sich bestenfalls, wie es so schön heißt, die unteren Extremitäten." Und das wiederum heiße nichts anderes als: „Warte auf dein Geld bis ans Ende deiner Tage. Von mir kriegst du gar nichts."

> *„Das ist dieser fäkale Witz jener Zeit, den wir heute ein bisschen anstößig finden. Aber damals hat man sich ausgeschüttet vor Lachen."*

Diese Art Humor zeige sich auch über dem Torbogen, über dem ein – pardon – dukatenscheißender Esel dargestellt ist. Und darunter ein Mund, der die wertvollen Exkremente auffängt. „Das ist dieser fäkale Witz jener Zeit, den wir heute ein bisschen anstößig finden. Aber damals hat man sich ausgeschüttet vor Lachen", sagt Thomas Ostwald.

Denn das Mittelalter war alles andere als humorlos. Im Wirtshaus, beim Kartenspiel oder einfach in geselliger Runde erzählte man sich etwa die französischen Fabliaux oder die deutschen Maeren, beide gehören zur unterhaltsamen Kurzepik. Natürlich gab es Regeln der Sittsamkeit, die beim Erzählen solcher Geschichten von den Zuhörenden eingehalten werden mussten. So durften Frauen beim Lachen nicht die Zähne zeigen, dies deutete auf mangelnde Selbstbeherrschung

Das Pendant zu der anderen Skulptur: der Gläubiger.

hin und galt sogar als hässlich. Beliebtes Thema der humorvollen Erzählungen war die Sexualität in der Ehe, die sexuelle Unersättlichkeit der Frau und das männliche Unvermögen, diese zu stillen. Sogar in der Kirche wurde gelacht, zum Beispiel bei den Kirchen- und Osterspielen. Allerdings brachte man seine Amüsiertheit in den Gotteshäusern etwas zurückhaltender zum Ausdruck.

Und dieser Humor schlägt sich eben auch im Fassadenschmuck nieder. Im Grunde, sagt Ostwald, sei das ganze Haus ein Bilderbuch. „Zur Erbauungszeit des Hauses, 1524-1528, konnten ja die wenigsten Menschen lesen." Für den Kaufmann und Ratsherrn seien die Skulpturen gleichermaßen Werbung gewesen, denn deren Botschaft war: „Das ist zwar ein schwerreicher Pfeffersack, aber der hat Humor. Mit dem kann man Geschäfte machen."

Eva-Maria Bast

So geht's zu den Skulpturen:

Sie befinden sich an der Fassade des Huneborstelschen Hauses. Dieses steht am Burgplatz 2a, die Figuren hängen über dem Erdgeschoss neben der grünen Tür und im zweiten Stock.

Andreas Jäger weiß, an welchem wichtigen
Gebäude dieser Torbogen sich früher befand.

Torbogen
Ein Relikt auf Wanderschaft

„Das Portal gehört hier eigentlich gar nicht hin", sagt Andreas Jäger rundheraus. „Das kann man auch erkennen, wenn man genau hinsieht. Denn das Haus ist neu, das Tor aber alt und historisch." Es handle sich um das alte Portal der Maria-Magdalenen-Kapelle. „Die stand auf der anderen Seite der Straße etwa dort, wo jetzt die Passage ist", erklärt der Schauspieler, der mit Vorliebe in Braunschweig auf Entdeckungstour geht. „Ich finde die Geschichte sehr faszinierend", sagt er.

Doch der Reihe nach: Eine Kapelle ist an dieser Stelle schon 1237 in einer Schenkungsurkunde genannt, das war aber noch nicht die

Dieser Torbogen schmückte einst ein sakrales Gebäude.

Magdalenenkapelle. Die Maria-Magdalenen-kapelle wurde erst um 1500 gebaut. „Das kleine spätgotische Gebäude stand in der Straße mit dem hübschen Namen Kleine Burg, das ist dort, wo sich heute die Burgpassage befindet", erklärt Andreas Jäger. Zu der Kapelle gehörten Ländereien, womit logischerweise auch Einkünfte einhergingen.

1832 wurde die Kapelle vom Aegidienstift übernommen. „Faszinierend finde ich, dass die kleine Kapelle nicht zerstört wurde, obwohl die Stadt ja stark in Mitleidenschaft gezogen war", sagt Andreas Jäger. Ein Glück auch für die Mitglieder der Bartholomäusgemeinde, deren Gotteshaus stark zerstört war, und die ihre Gottesdienste nun in der Maria-Magdalenen-Kapelle abhielt.

Doch das Ende des kleinen Gotteshauses ließ nicht mehr lang auf sich warten: 1955 wurde sie abgerissen. Nur das Nordportal hat überdauert. Andreas Jäger erzählt: „Es wanderte einmal über die Straße und wurde in das Konventsgebäude der Brüdernkirche eingesetzt, wo sich jetzt das Predigerseminar befindet."

Nach wie vor schreiten also gläubige Menschen unter dem Torbogen hindurch.

Eva-Maria Bast

....

So geht's zum Torbogen:

Er befindet sich am Predigerseminar, Am Alten Zeughof 1.

68

Ein märchenhaftes Relief am Giebel.

Sieben-Türme-Relief

Heinrichs Freund hat Glück gehabt

E in Stück Istanbul mitten in Braunschweig: An einem barocken Wohnhaus am Altstadtmarkt befindet sich, hoch oben am Giebel, ein Relief, das ein Haus oder vielleicht eher eine Burg mit sieben Türmen zeigt – und die sind wiederum von Halbmonden gekrönt. Wie ein Märchenschloss sieht das abgebildete Bauwerk aus, doch auf den Braunschweiger Altstadtmarkt will es nicht so recht passen. Und in der Tat ist die Geschichte, wie es dort hinkam, auch recht abenteuerlich.

Elke Frobese kann sie erzählen, doch sie beginnt mit dem Vorgängerbau des heute am Altstadtmarkt stehenden Gebäudes, und der stammte aus dem Jahr 1249: „An diesem Haus haben sich sieben

Türmchen befunden, und die sollen an das Staatsgefängnis in Konstantinopel erinnert haben." So weit, so spannend. Aber weshalb sollte ein Hausbesitzer in Braunschweig den Wunsch haben, durch den Schmuck an seinem Gebäude an ein Gefängnis in Konstantinopel zu erinnern? „Der Mann, der das Haus damals gebaut hat, ist zwar nicht bekannt, man weiß über ihn aber, dass er ein Gefährte Heinrichs des Löwen war und ihn auf seiner Pilgerreise im Jahr 1172 begleitet hat", berichtet die Historikerin. „Er soll in diesem Gefängnis eingesperrt gewesen sein und gelobt haben, ein Haus mit sieben Türmen zu bauen, wenn er je wieder heil nach Hause kommt." Elke Frobese zieht die logische Schlussfolgerung: „Das ist ihm offenbar gelungen, denn sonst wäre das Relief heute nicht da."

Elke Frobese weiß, wie die Darstellung von den sieben Türmen an das Haus kommt.

Wenn der Erbauer des Hauses auch nicht bekannt ist: Über die Familie, die rund 100 Jahre später hier lebte, weiß man Bescheid: In der Mitte des 14. Jahrhunderts besaß die Rats- und Patrizierfamilie von Damm das Gebäude. Dessen Eigentümer hatte weniger Glück als sein Vorbesitzer. War der noch heil aus dem Gefängnis herausgekommen, wurde Tile von Damm (um 1310-1374), der damals sowohl der Besitzer des Hauses mit den sieben Türmen als auch Bürgermeister der Altstadt war, am 19. April 1374 hingerichtet. Der Grund war die „Große Schicht", in der sich revolutionäre Gruppen gegen den Rat der Altstadt blutig erhoben. Auch Tile von Damms Haus mit den sieben Türmen kam zu Schaden – es wurde in Brand gesteckt.

Die Front des Nachfolgebaus. des heute dort stehenden Barockhauses am Altstadtmarkt 11, stammt aus dem Jahr 1708. „Aber der Bauherr wollte wohl, dass die Geschichte des Vorgängerbaus nicht in Vergessenheit gerät, und brachte das Relief zur Erinnerung dort am Zwerchhaus-Giebel an", sagt Elke Frobese. Wobei er – oder der Bildhauer – sich hinsichtlich der zierenden Halbmonde auf den Spitzen etwas in der Zeit vertan haben dürfte, denn als der Freund Heinrichs des Löwen im Gefängnis mit den sieben Türmen einsaß, war Konstantinopel noch gar nicht muslimisch. Das wurde es erst 1453 mit der Eroberung durch die Osmanen. Zuvor war es byzantinisch gewesen.

Insofern handelt es sich bei den Halbmonden auf den Turmspitzen, die als Symbol des Islam dort angebracht sein dürften, strenggenommen um einen Fehler.

„Aber der Bauherr wollte wohl, dass die Geschichte des Vorgängerbaus nicht in Vergessenheit gerät, und brachte das Relief zur Erinnerung dort am Zwerchhaus-Giebel an.“

Die „Burg der sieben Türme" ist übrigens noch heute zu besichtigen: Man kennt sie unter dem Namen „Yedikule" und sie befindet sich in Istanbul, wie Konstantinopel ja bekanntlich heute heißt. Yedikule gehört zu der mächtigen Befestigungsanlage, die Kaiser Theodosius II. (401-450) Anfang des 5. Jahrhunderts hatte errichten lassen. Sie ist also Teil der Theodosianischen Mauern, die einen der größten Wehrbauten der Spätantike darstellen.

Heinrichs Freund hatte durchaus Glück, dass er entkam, denn die Burg diente nicht nur als Gefängnis, tatsächlich wurden hier auch Menschen hingerichtet. Dies widerfuhr einige Jahrhunderte später zur Zeit der osmanischen Herrschaft dem erst 18-jährigen Sultan Osman II. Er wurde am 20. Mai 1622 in einem der Türme erdrosselt.

Vergessen haben dürfte Heinrichs unbekannter Reisegefährte seinen Aufenthalt im Gefängnis mit den sieben Türmen aber nie. Allein schon deshalb, weil er sich – zurück in „Brunsvick" – sein Gefängnis nachbaute und fortan darin lebte.

Eva-Maria Bast

....

So geht's zum Sieben-Türme-Relief:

Es befindet sich am Giebel des Hauses Altstadtmarkt 11.

Betonmauer
Ein Stück Braunschweiger Badekultur

Wer vom Möncheweg über den Brodweg nach Riddagshausen fährt, befindet sich auf jahrhundertealten Wegen. Damals sei es „freilich mehr ein Trampelpfad gewesen, den vor Jahrhunderten die Mönche vom Kloster Riddagshausen zu ihrem Wirtschaftshof nach Salzdahlum benutzt haben", erklärt Pastor Wolfgang Jünke. „Der Brodweg hat darum nichts mit dem Nahrungsmittel zu tun, sondern kommt vom niederdeutschen *Bröder,* was so viel wie Klosterbruder bedeutet, und meint inhaltlich dasselbe wie Möncheweg." Nach zwei kurios kurz aufeinander folgenden Bahnübergängen geht es auf einer unscheinbaren, schmalen und rund 500 Meter langen Straße vorbei an Schrebergärten zum Lünischteich, dessen Geschichte eng mit genau jenen Mönchen verknüpft ist, die den Wegen zu ihren Namen verhalfen.

Der Teich, an dessen Ufer sich eigenartige Betonwerke finden, liegt abseits und man muss ihn kennen, um ihn zu finden. „Aber für angestammte Braunschweiger gehört das Gewässer zum Leben der Stadt dazu. Mancher Radfahrer, wie zum Beispiel meine Frau, nimmt einen Umweg in Kauf, wenn er zum Arbeitsplatz fährt, um unbedingt durch den Park mit dem Lünischteich fahren zu können", sagt Jünke. Und das ist auch gut so, denn inmitten einer wunderschönen Grünfläche liegt der idyllische Teich, umstanden von uralten Bäumen und bevölkert von vergnügt schnatterndem Entenvolk.

Ursprünglich war der Lünischteich von Zisterziensern des Klosters Riddagshausen als Fischteich auf dem Gebiet eines aufgegebenen Ortes, der Wüstung Hunesheim oder Hünesheim, angelegt worden. Aus „Hünischteich" wurde nach einer sprachlichen Metamorphose im 17. Jahrhundert schließlich „Lünischteich". Das wohl im 13. Jahrhundert aufgegebene Hunesheim wurde schon in der Weiheurkunde der ältesten Braunschweiger Kirche, der Magnikirche,

Wolfgang Jünke balanciert auf einer der niedrigen Betonmauern,
die an einigen Stellen den Teich begrenzen.

erwähnt. Diese Urkunde aus dem Jahr 1031 ist der erste urkundliche Beleg für die Existenz von Braunschweig.

Im 20. Jahrhundert erlebte der Lünischteich nach der sprachlichen auch eine Metamorphose seiner Nutzung. „Aus dem einst von Mönchen angelegten Fischteich wurde eine mondäne Badeanstalt der gehobenen Klasse, bis er schließlich nach den Zerstörungen des Zweiten Weltkrieges wieder nur zu einem von Wasservögeln und Fischen bevölkerten Teil einer Grünanlage mutierte", blickt der Pastor auf die weitere Geschichte des Gewässers zurück. Doch die Zeit als Badeanstalt hat ihre Spuren hinterlassen: Jünke weist auf eben jene rätselhaften Betonmauern hin, die an einigen Stellen den Teich begrenzen. „Das sind die Überreste eines der lange Zeit beliebtesten Freibäder Braunschweigs", erläutert er.

Die heute noch existierende Betonmauer unter der Zuschauertribüne befestigte das Ufer.

Die Geschichte der Badekultur ist Jahrtausende alt und hat sich in verschiedenen Regionen der Erde sehr unterschiedlich ausgebildet. Das Bad in seinen vielfältigen Ausformungen hat im Lauf der Jahrhunderte unterschiedlichen Zwecken gedient, solchen der Gesundheit, der Leibesertüchtigung und des Sports, der Hygiene und auch der Erotik, wie dies Friedrich von Hardenberg, besser bekannt als Novalis (1772-1801), in seinem „Badelied" besang:

Vielleicht daß sich hier auch ein Mädchen gekühlt / Mit rosichten Wangen und Mund, / Am niedlichen Leibe dies Wellchen gespielt, / Am Busen so weiß und so rund. / Und welches Entzücken! dies Wellchen bespült / Auch meine entkleidete Brust. / O! wahrlich, wer diesen Gedanken nur fühlt, / Hat süße entzückende Lust.

In der Neuzeit begann die Geschichte der öffentlichen Badeanstalten in der Mitte des 19. Jahrhunderts in England. Das erste deutsche Volksbad entstand 1855 in Hamburg. Zu Anfang des 20. Jahrhunderts gab es in Deutschland die ersten Versuche, die Geschlechtertrennung bei öffentlichen Badeanstalten aufzuheben – vorher existierten auch nach Ständen getrennte Bäder und solche erster und zweiter Klasse. Doch nach dem Ersten Weltkrieg entstanden überall Familienbäder, so, wie wir sie heute noch kennen.

In Braunschweig setzten sich die Schwimmvereine für die Anlage von solchen Bädern ein. „Der Schwimm-Verein BSV 02 entschied sich 1922 für den Lünischteich als Badeanstalt und begann sofort energisch mit der Geldbeschaffung durch Mitgliederumlagen, Postkartenverkäufe und Einwerbung von Stiftungen beim Freistaat und der Stadt Braunschweig, bei Industrie, Handel und einzelnen Personen", erklärt Wolfgang Jünke. Als besonders hilfreich erwies sich der Kontakt zur Baufirma Karl Munte, deren Architekt Gustav Lippelt auch für die Planung und den Bau verantwortlich zeichnete. Und die Vereinsmitglieder legten selbst Hand an, wie es in einer Schrift zum 25-jährigen Jubiläum des Vereins heißt: „Der Monat März 1924 sah unsere Mitglieder und unsere Jugendmitglieder, ja sogar unsere Damen, in heißem Kampfe mit dem Schlamm des Lünischteiches, denn es galt eine 10–15 m breite, schlammfreie Wasserstrandbahn zu schaffen, die uns zum mindesten die Anlage einer 50 m Schwimmbahn ermöglichte."

Am 29. Juni 1924 wurde das Lünischteichbad in Anwesenheit zahlreicher Prominenz aus Politik und Verwaltung, Wirtschaft und Sport eröffnet. Begeistert brachten die Besucher nach den Eröffnungsreden ein dreifaches „Gut Nass Hurra!" auf das neue Bad aus, und die blauweiße Vereinsfahne mit dem roten Löwen des Stadtwappens in der Mitte wurde gehisst. „Von dieser Einweihung existiert sogar ein Film", weiß Jünke.

> *„Der Schwimm-Verein BSV 02 entschied sich 1922 für den Lünischteich als Badeanstalt und begann sofort energisch mit der Geldbeschaffung durch Mitgliederumlagen, Postkartenverkäufe und Einwerbung von Stiftungen beim Freistaat und der Stadt Braunschweig, bei Industrie, Handel und einzelnen Personen."*

Die Braunschweiger Landeszeitung berichtete ebenso begeistert wie poetisch: „Leis plätschern die Wellen an den Strand, der auf gut 150 Meter sich hinzieht, von reinem gelben Sand fein säuberlich hergerichtet. Im grünen Schilf raschelt die Brise, fest kräuselnd über die Wasserfläche und trägt einen Hauch von Seeluft an den Badestrand, wo vor den drei schmucken, weiß leuchtenden Häusern ein buntes Treiben sonntagsfroher Besucher herrscht." Anhand des Beitrags lässt sich außerdem die Idylle gut nachvollziehen: „In der kräuselnd bewegten glitzernden Flut spiegelt sich der wundervolle Sommertag.

„Aus dem einst von Mönchen angelegten Fischteich wurde eine mondäne Badeanstalt der gehobenen Klasse."

Der strahlend blaue Himmel von hellen weißen Wölkchen belebt, die hohen Pappeln am Straßenrande, das grüne Schilf in der südlichen Ecke des Teiches, die roten Ziegeldächer der malerischen Strandhäuser", wie Margot Ruhlender in ihrer *Geschichte der Badekultur in Braunschweig* schreibt. Es scheint, als werde kein See, sondern *die* See beschrieben. „Zumindest in einer Hinsicht stimmt dieser Eindruck", bestätigt Pastor Jünke, „denn der Sand des Strandes soll von der Ostsee stammen. Das haben mir frühere Nutzer erzählt." Man könnte so auch von einem der ersten in unserer Zeit in vielen Städten entstandenen „Laguna Beaches" sprechen.

Nach der Eröffnung wurde weiter gebaut. Zu den schon vorhandenen drei Gebäuden – darunter das Kaffeehaus Bopp mit Freiterrasse, hier kostete eine Tasse Kaffee Bopp 20 Pfenning – kamen ein Verwaltungsgebäude und ein Kinderbadehaus sowie eine Zuschauertribüne: Die heute noch existierende Betonmauer unter der Tribüne befestigte das Ufer. Für das eigentliche Wasservergnügen wurde ein sechs Meter tiefes Sprungbecken für einen „Zehner"-Turm ausgehoben. All dies bot auch die Möglichkeiten für Wettkampfveranstaltungen.

Das Lünischbad wurde eines der beliebtesten Braunschweiger Bäder, auch durch seine übrigen Angebote wie Friseursalon, Massagen oder öffentlich übertragene Rundfunkvorträge. An eintrittsfreien Familiensonntagen bevölkerten bei gutem Wetter 6.000 bis 10.000 Besucher den Lünischteich. Alte Fotografien lassen das muntere

Badeleben im und am Lünischteich in jenen Jahrzehnten erahnen. Strahlende, mondän gekleidete Damen und sportliche junge Männer posieren in offenbar bester Laune. Pastor Jünke erinnert sich schmunzelnd: „Meine 1911 geborene Patentante geriet in ihren Erinnerungen an das Lünischbad oft ins Schwärmen ob der vielen attraktiven männlichen Besucher, denen sie sich ‚präsentieren' konnte."

Bomben zerstörten im Zweiten Weltkrieg das Bad, in dem ein Flakstützpunkt errichtet worden war. 1963 wurde das Baden im Lünischteich wegen schlechter Wasserqualität verboten. Und den übrig gebliebenen Betonmauern sieht heute wohl niemand an, dass sie einstmals im Dienste sonntagsfroher Vergnügungen standen.

Georg Ruppelt

....

So geht's zur Betonmauer:

Von der Georg-Westermann-Allee von Norden kommend, links in die Straße am Lünischteich einbiegen. Der Pfad, der um den Teich herumführt, ist nur zu Fuß oder per Fahrrad zugänglich. Die Betonmauer liegt am Südufer des Teiches.

Quirre-Wappen
Ein Hannoveraner in Braunschweig

„A usgerechnet ein Hannoveraner wurde im 15. Jahrhundert über dem Braunschweiger Dom-Portal verewigt", sagt der Heimatforscher und begeisterte Braunschweiger Jörg Porsiel mit gespielter Entrüstung. Dabei weist er an der alten, St. Blasius geweihten, wunderschönen Kirche in die Höhe und spricht damit die vor allem im Fußball zutage tretenden Befindlichkeiten zwischen den beiden größten Städten Niedersachsens an.

„Das Wappen", fährt Porsiel fort, „ist relativ unspektakulär, aber es weist an dieser exponierten Stelle auf einen Mann von Bedeutung und Macht hin." Es zeigt vier Felder. Jeweils zwei von ihnen sind identisch. Im ersten und vierten Feld erkennt man einen grünen Blätterkranz mit fünf roten, fünfblättrigen Blüten auf dunkelblauem Hintergrund. In den anderen beiden Feldern sieht man einen nach links gewandten schwarzen Adler auf weißem Grund. Der Adler gehört zum Wappen der Dompröpste von Halberstadt, der Blätterkranz zu dem der Familie Quirre.

Über dem eigentlichen Wappen ist die schwer leserliche Jahreszahl 1469 in arabischen Ziffern angebracht. Für die Vier wurde eine „halbe Acht" verwendet, bei der die Hälfte der unteren Rundung der Ziffer abgeschnitten ist. Das Wappen erinnert an den Dompropst Ludolf Quirre (um 1395-1463), der in Hannover geboren wurde und hier in Braunschweig seine steile Kirchenkarriere begann und beendete – lange bevor sich die Rivalität zwischen den beiden Städten unter anderem in Fußballstadien äußerte. Quirre wurde an der

Das Quirre-Wappen erinnert an einen einflussreichen Hannoveraner, der in Braunschweig eine wichtige Rolle spielte.

Das Quirre-Wappen über dem Domportal.

Jörg Porsiel weist auf das Quirre-Wappen über dem Domportal.

Schule des Domstiftes zu Braunschweig ausgebildet, da die Bedingungen für eine Karriere in dem damals noch wenig bedeutsamen Hannover selbst für Zöglinge „aus gutem Haus" schlecht waren. Quirre studierte an den Universitäten Erfurt und Bologna Theologie. Anschließend trat er in die Dienste von Bernhard I. von Braunschweig-Lüneburg (um 1360-1434). Durch dessen Protektion wurde er Stiftsherr an St. Blasius und Nachfolger sowie Testamentsvollstrecker von Johann Ember (um 1365-1423), des Stifters der Liberei in Braunschweig (siehe Geheimnis 37), des ältesten Bibliotheksbaus nördlich der Alpen.

Jörg Porsiel weist darauf hin, dass Quirre offenbar in großem Maße von Vetternwirtschaft, Seilschaften, Protektion und Günstlingswirtschaft profitiert habe. „Er war schließlich gleichzeitig Domherr in Hildesheim und Halberstadt sowie Sekretär und Kanzler der Herzöge von Braunschweig-Lüneburg", erklärt der Heimatforscher. Durch päpstliche Protektion wurde Quirre zusätzlich Archidiakon von Groß Stöckheim und damit einer der höchsten Würdenträger im Bistum Hildesheim.

Zwischen 1434 und 1435 studierte er zudem Kirchenrecht an der Universität Rostock, wo ihn ein einflussreicher Verwandter förderte. Quirre wurde zum Doktor des Kirchenrechts promoviert und erlangte damit zugleich die Lehrberechtigung für das Fach. Und auch im seinem weiteren Leben spielten gute Beziehungen eine große und einträgliche Rolle. Als Rektor der Marienkapelle in Wolfenbüttel beispielsweise konnte der Geistliche zahlreiche Verwandte aus Hannover nach Braunschweig holen. Im Alter von etwa 57 Jahren wurde er Dompropst in Halberstadt, mit dessen Bischof er seit seiner Zeit in Bologna befreundet war.

„Ausgerechnet ein Hannoveraner wurde im 15. Jahrhundert über dem Braunschweiger Dom-Portal verewigt."

Der Hannoveraner Ludolf Quirre starb 1463 in Braunschweig. Er wurde im Dom zu Halberstadt begraben, wo seine Grabstelle heute aber nicht mehr vorhanden ist. Sein Wappen wurde erst sechs Jahre nach seinem Tod über dem Domportal angebracht – eine Tatsache, die für Quirres Bedeutung und sein Wirken in Braunschweig spricht. Heute würde man ihn vielleicht als begabten Netzwerker bezeichnen, der viele und vieles zu gegenseitigem Nutzen zusammengebracht hat – unter anderem zu seinem eigenen.

Georg Ruppelt

So geht's zum Quirre-Wappen:

Das Quirre-Wappen ist über dem Hauptportal auf der Nordseite des Doms, Domplatz 5, angebracht.

Im Dom befindet sich die älteste zusammenhängende
Deckenmalerei Deutschlands.

Spiegeltisch

Staunen ohne steifen Nacken

„Und dann bin ich mit meiner Frau nach England gefahren",
sagt der Domprediger im Ruhestand Joachim Hempel. „Da
lief mir die Lösung für das Problem sozusagen über den
Weg." Das Problem war, dass die Besucher im Braunschweiger Dom einen steifen Nacken bekamen, wenn sie die dortige Deckenmalerei betrachteten. Und da gibt es viel zu sehen! „Die wenigsten
wissen, dass sich hier im Dom die größten zusammenhängenden
Deckenmalereien Deutschlands befinden", sagt Hempel. „Wenn man
da einmal nach oben blickt, kann man gar nicht mehr aufhören. Und
dann bekommen die Leute einen steifen Nacken." Oder besser: bekamen. Denn dank der Englandreise von Joachim Hempel und seiner

Frau steht nun im Chor ein großer runder Tisch. Wenn man drauf-
schaut, sieht man: das Chorgewölbe! „Das ist ein Spiegeltisch", stellt
Joachim Hempel die praktische Sehhilfe vor, „und man kann ihn her-
umschieben." In England hätten die Besucher der Kathedrale Ely in
Cambridgeshire einen DIN A4-Spiegelkasten in
den Händen gehalten und das gespiegelte
Kunstwerk dieserart betrachten können. „Aber
wir haben hier ja jede Menge Stufen und somit
auch Stolperfallen. Da ist die Variante mit dem
Spiegeltisch besser. Ich habe ihn gleich nach
meiner Rückkehr aus England anfertigen lassen.
Und jetzt guckt man nach unten und gleichzeitig nach oben", freut sich der einstige Domprediger Hempel.

Was man – nun gespiegelt auf der Tischplatte
– sieht, ist das Ergebnis der Arbeit von mittelalterlichen Malern einerseits und Restauratoren
aus dem 19. und 20. Jahrhundert andererseits.
Sie sahen ihre Aufgabe darin, das Vorgefundene
phantasievoll zu rekonstruieren, was in den
1880er-Jahren zu einer vollständigen Neubema-
lung des Domes führte. Auch wenn nicht geklärt
ist, inwieweit diese auf das Mittelalter zurück-
geht, gehörte doch die Wandmalerei untrennbar
zur Ausstattung mittelalterlicher Kirchenbauten.

Joachim Hempel betrachtet im
Spiegeltisch das Decken-
gemälde – und sich selbst!

So gibt es eine Künstlerinschrift am nordwest-
lichsten Langhauspfeiler – allein, nicht alle Buchstaben sind lesbar!
Die ergänzte Fassung der Inschrift lautet *NORINT HOC OMNES*
QUOD GALLICUS ISTA IOHANNES PINXIT. EUM CUPIMUS DEUS
UT DET VIVERE SALVUM, was übersetzt heißt, „Es sollen alle wissen,
daß dies Johannes Gallicus gemalt hat. Wir wünschen, Gott möge
geben, daß er selig lebe". Eine verdeutschte Version des Künstlerna-
mens, Johannes Wale, wurde bei Restaurierungsarbeiten 1937-1941
auch im Vierungsgewölbe gefunden. In den 1950er-Jahren unterzog
man die Gemälde im südlichen Querhausarm einer Restaurierung.
Der Stil des Malers, genauso wie sein Name „Gallicus", weist auf einen

gewissen Einfluss aus Frankreich hin. Ebenso interessant ist, dass die Falten der Gewänder auf den Fresken unten recht eckig gemalt sind. Dieser „Zackenstil" war in der zweiten Hälfte des 13. Jahrhunderts weit verbreitet.

Die ursprüngliche Bemalung kam in der *fresco-secco*-Technik auf die Wände und Decken. Anders als beim Malen *al fresco* wird bei dieser Technik direkt auf dem trockenen Putz gearbeitet. Das hat aber zur Folge, dass sich die Bilder nicht so gut halten wie Bilder, die auf feuchten Putz gemalt wurden. Die Feuchtigkeit sorgte dafür, dass sich die Farbe besser mit dem Untergrund verbindet. Die Secco-Malereien im Dom sind nicht erst nach Fertigstellung des Gotteshauses entstanden, sie sind „in ihrer Konzeption von Anfang an mitgedacht gewesen. Das Ganze zentriert sich in der Mitte des Gewölbes. Das Gewölbe ist freitragend, keine Pfeiler stützen es", sagt der einstige Domprediger. Das von 1170 bis 1220 entstandene Zentralgemälde stellt das himmlische Jerusalem dar, alle anderen Szenen sind darauf ausgerichtet. „Ursprünglich hat sich der Altar direkt unter dem Deckengemälde befunden. Man sieht hier auch den Stammbaum Jesu, die beiden Medaillons in der Mitte zeigen David und Salomo", erklärt Joachim Hempel. „Es heißt, der Erbauer des Doms, Heinrich der Löwe, habe mit Absicht den Stammbaum des Königs David in seine Kirche malen lassen, um zu zeigen, dass er auch aus dieser Tradition stamme." Auch diese Szene kann man im Tisch wunderbar betrachten. Aber Achtung: spiegelverkehrt!

Eva-Maria Bast

....

So geht's zum Spiegeltisch:

Er befindet sich im Chor des Doms. Der Dom steht, vollkommen folgerichtig, am Domplatz.

Thomas (rechts) und Joachim Wrensch präsentieren das geschichtsträchtige Marmeladenglas vor einem Foto der 1944 niedergebrannten Graff'schen Buchhandlung.

22

Marmeladenglas mit Asche

Was von der Buchhandlung übrig blieb

Ehrfurcht und Stolz sprechen aus den Mienen der Brüder Thomas und Joachim Wrensch, wenn sie Besuchern in der Braunschweiger Buchhandlung Graff ein offensichtlich altes Marmeladenglas mit einem kleinkörnigen Inhalt zeigen. Handelt es sich dabei um Sand? Nein, so die Brüder, Sand sei dies nicht, sondern etwas sehr viel Kostbareres – jedenfalls ideell gesehen. „Das ist die Asche der alten Graff'schen Buchhandlung in der Neuen Straße, die 1944 durch einen Bombenangriff total zerstört wurde. Sie ist das einzige materielle Relikt des Gebäudes", erklären sie. Auf dem Glas klebt ein Stück Papier mit einem halb maschinen- und halb handschriftlichen Text: *In diesem Glase befindet sich der letzte Rest der Buch-*

handlung Graff, die am 15. Oktober 1944 völlig zerstört wurde. Abgefüllt von Herrn Hans Wrensch. Auch das Glas ist original aus den 40er-Jahren. Kein Umfüllen in einen kostbaren Schrein! Fürwahr: ein anrührendes kleines Denkmal zur Geschichte der Buchhandlung.

Die Buchhandlung Graff, meist nur „Graff" genannt, wurde 1867 in der Kannengießerstraße von Wilhelm Graff gegründet. Als sich dessen Gesundheitszustand verschlechterte, nahm er einen Mitarbeiter als Teilhaber in die Geschäftsführung auf. Es war Adolf Just, der später eine internationale Berühmtheit werden sollte (siehe Geheimnis 42). Graff meldete Sohn Paul aus dem Gymnasium Martino-Katharineum ab und ließ ihn eine Ausbildung zum Buchhändler absolvieren. Als Teilhaber

Adolf Just erkrankte, übernahm 1896 Paul Graff die Geschäftsleitung des Unternehmens, das bereits in den 1870er-Jahren in die Neue Straße 23 im Kern der Altstadt umgezogen war. Unter Paul Graff expandierte das Geschäft, auch durch die Gründung eines Verlages.

Da er keinen Nachfolger hatte, übernahm der Exportbuchhändler Johannes Wrensch aus Bremen 1937 das Unternehmen und führte es an diesem Standort noch sieben Jahre lang. Denn 1937 befand sich das Deutsche Reich unter der nationalsozialistischen Herrschaft bereits in Vorbereitung auf einen Angriffskrieg, durch den dem „Volk ohne Raum" Platz geschaffen werden sollte. Wie auch in anderen deutschen Städten waren in und um Braunschweig Rüstungsbe-

Das originale Marmeladen-glas mit der Asche der alten Graff'schen Buchhandlung – heute neben der Kasse.

triebe angesiedelt, die mit der Aufrüstung beauftragt wurden. Im Spätsommer 1939 war es dann so weit: Nachdem Hitler und Stalin einen Nichtangriffspakt abgeschlossen hatten, der in einem Geheimprotokoll auch die Aufteilung Polens beinhaltete, begann der Zweite Weltkrieg mit dem Überfall deutscher Truppen auf Polen. Die deutsche Kriegsführung war anfangs sehr erfolgreich, doch mit der Kapitulation der deutschen Truppen bei Stalingrad 1943 kam der Wendepunkt des Krieges. Und dann schlugen die Angegriffenen, die sich inzwischen als Alliierte zusammengeschlossen hatten, zurück. Im Osten drangen sowjetische Bodentruppen auf deutsches Gebiet vor. Von Westen bedrohten kombinierte Luftangriffe der britischen Royal Air Force und des United States Bomber Command die deutschen Städte. Die britische Luftwaffe hatte 1944 viermal vergeblich versucht, Braunschweig zu zerstören, was überwiegend an schlechtem Wetter gescheitert war. Am Sonnabend, dem 14. Oktober 1944, wurden die Vorbereitungen für den Angriff abgeschlossen: Die Nacht zum Sonntag war klar. Die innerhalb von 40 Minuten abgeworfenen Bomben setzten die historische Innenstadt in Brand, die Brandherde wuchsen zu einem Flächenbrand zusammen. In dieser Nacht verbrannte auch die Graff'sche Buchhandlung – und ein ebenso entgeisterter wie geistesgegenwärtiger Mensch, Johannes (Hans) Wrensch, nahm ein Marmeladenglas und füllte etwas von den verkohlten Überresten seiner Buchhandlung hinein.

Die Nachkriegszeit war nicht nur für diese Buchhandlung äußerst schwierig, so wurde zum Beispiel in die nach Kriegsende bezogenen Behelfsräume eingebrochen und das Warenlager ausgeraubt. Doch konnten Johannes und sein Sohn Jürgen Wrensch das Geschäft auch durch Kontakte mit der Technischen Hochschule wieder in Schwung bringen und bezogen Geschäftsräume am Eiermarkt. 1958 gelang es dann, in einen Neubau in der Neuen Straße zu ziehen. Jürgen Wrenschs Söhne Thomas und Joachim übernahmen 1985/86 das Geschäft und zogen 1999 in ein neu erbautes Haus am Sack 15 um, in dem nicht nur die Verkaufsfläche verdoppelt wurde, sondern das auch Räumlichkeiten bot für das „Café Lit" und für ein reiches Veranstaltungsprogramm zu Kultur und Leseförderung.

Gleich hinter dem Eingang zur Buchhandlung, in einer Vitrine neben der Hauptkasse, kann man während der Öffnungszeiten das denkwürdige Marmeladenglas mit der Asche aus dem Jahr 1944 betrachten.

Georg Ruppelt

....

So geht's zum Marmeladenglas mit Asche:

Man kann es in der Buchhandlung Graff, Sack 15, sehen. Es steht hinter dem Eingang in einer Vitrine neben der Hauptkasse.

23

Standbild

Der vergessene Herzog von Braunschweig

Wer sich das Vergnügen macht, einmal in einer geselligen Runde die Quizfrage zu stellen, wer wohl der erste Braunschweiger Herzog gewesen sei, dem wird mit Sicherheit die vielstimmige Antwort entgegenschallen: „Heinrich der Löwe, ist doch klar!" Anschließend kann er sich zufrieden zurücklehnen und den Besserwisser spielen: Nein, der erste Herzog von Braunschweig war nicht Heinrich der Löwe! Der war Herzog von Sachsen und von Bayern, und Braunschweig war seine Residenz. Wenn der Besserwisser allerdings das Pech hat, jemanden wie Museumspädagogin Inka Schlaak in der Runde sitzen zu haben, hört er sofort die richtige Antwort auf seine Frage: „Der erste Braunschweiger Herzog war Otto das Kind, ist doch klar!" Und vorbei ist's mit der Überheblichkeit.

Inka Schlaak ist „mit Okerwasser getauft", wie sie selbst sagt. Von ihrer Urgroßmutter und Großmutter hat sie das Interesse an der Geschichte ihrer Heimatstadt, ja, die Liebe zu ihr, geerbt. Die Urgroßmutter, die 1996 im Alter von 102 Jahren starb, zeigte ihr Ecken und Winkel der Stadt, die noch etwas von dem im Bombenhagel untergegangenen alten Braunschweig ahnen lassen. Und sie wusste herrliche Anekdoten von Victoria Luise, der Kaisertochter und letzten regierenden Herzogin zu Braunschweig und Lüneburg (1892-1980), zu erzählen.

„Otto das Kind liegt mir besonders am Herzen", sagt Inka Schlaak. Sie findet es ungerecht, dass diesen bedeutsamen ersten Landesherrn niemand mehr kennt. Fast täglich geht sie unter ihm vorbei. Denn sein Standbild und das seiner Frau Mathilde, Tochter des Markgrafen Albrecht II. von Brandenburg, prangen neben denen von acht anderen Herrschern hoch oben auf einem Gesims des Altstadtrathauses, in dessen Museumsteil Inka Schlaak ihrer ehrenamtlichen Tätigkeit als Museumspädagogin nachgeht oder von dem aus sie zu Stadtführungen aufbricht.

Museumspädagogin Inka Schlaak unter der Skulptur des ersten Herzogs von Braunschweig, Otto das Kind.

Über Otto das Kind hat sie viel zu erzählen. Die ehemalige Postangestellte hat sich grundlegende Kenntnisse durch Lektüre und in Geschichtsvorlesungen angeeignet. Die Herkunft des Enkels von Heinrich dem Löwen (1129/30-1195) kann sie in wenigen Sätzen darstellen: „Otto wurde 1204 als Sohn von Herzog Wilhelm von Lüneburg und dessen Frau, der dänischen Prinzessin Helena, geboren. Die Stellung des Vaters als Herzog war umstritten, da sie vom ursprünglichen Herzogtum Sachsen abgeleitet wurde, das den Welfen unter Heinrich dem Löwen 1180 verloren gegangen war. Da der Vater früh starb, führte die Mutter die Regierungsgeschäfte des neunjährigen Nachfolgers. Das brachte Otto für alle Zeiten den Beinamen *das Kind* ein. Durch den Tod seines Onkels Graf Heinrich V. des Älteren (1173/4-1227) von Braunschweig, der ihn schon zu Lebzeiten zu seinem Nachfolger bestimmt hatte, konnte Otto die welfischen Besitzungen als Graf von Lüneburg und Braunschweig zusammenführen.

Hoch oben auf einem Gesims des Altstadt-rathauses: das Standbild von Otto dem Kind.

„In jener Zeit kämpften die lokalen Warlords um Besitz und Machterhöhung in allen Regionen", erklärt Inka Schlaak. Otto, offenbar militärisch begabt, aber auch ein guter Kaufmann, machte Geschäfte mit den heidnischen Stedinger Deichbauern. Das rief die Kirche und den Kaiser auf den Plan. „Otto stand zunächst weiterhin auf der Seite der Stedinger, zog sich aber nach einem Reichsbann Kaiser Friedrichs II. von ihnen zurück. Er beteiligte sich schließlich sogar an einem wohl sehr grausamen Kreuzzug gegen sie", sagt die Stadtführerin.

Obwohl Graf Otto nunmehr den Kaiser gegen die Stedinger unterstützte, griff er den Erzbischof Gerhard von Bremen (1190-1258) an, mit dem er in Fehde um die Grafschaft Stade lag, worauf der Papst ihn mit einem Kirchenbann belegte. Nach verschiedenen Vermittlungsversuchen kam es zwischen Graf Otto und Kaiser Friedrich II. zu einem Vergleich. In Abwägung der territorialen Ansprüche Ottos, der Stellungnahmen seiner Fürsprecher und eines möglicherweise nicht enden wollenden Kriegszustandes im Norden seines Reiches war der Kaiser bereit, den Welfen zu stärken. „Auf dem Hoftag in Mainz 1235 beugte Graf Otto das Kind vor Kaiser Friedrich II. die Knie, um ihm sein Land anzutragen", berichtet Inka Schlaak von den historischen Geschehnissen.

„So war aus dem welfischen Grafen Otto der erste Herzog von Braunschweig-Lüneburg geworden – ein Titel-Relikt, das über die Jahrhunderte hinweg von allen Welfen getragen wurde."

Wie in den vorausgegangen Verhandlungen vereinbart, erhob der Kaiser ihn in den Herzogsstand. 1252 starb Otto das Kind 48-jährig. „So war aus dem welfischen Grafen Otto der erste Herzog von Braunschweig-Lüneburg geworden – ein Titel-Relikt, das über die Jahrhunderte hinweg von allen Welfen getragen wurde, an welchem Ort sie auch immer lebten oder über welche Güter sie regierten – bis heute", schließt Inka Schlaak ihre Darstellung der Geschichte des Kindes, das ihr so am Herzen liegt.

Georg Ruppelt

So geht's zum Standbild:

Das Standbild von Otto dem Kind am Altstadtrathaus befindet sich an der Einmündung der Breiten Straße zum Altstadtmarkt.

24

Kanonenkugel
Eine mutige Frau feuert die Truppen an

Klein, kugelrund und so bedeutsam: In der Ostwand des
Doms steckt eine Kanonenkugel und darunter ist prakti-
scherweise in römischen Ziffern das Datum eingemeißelt,
an dem sie offenbar dort hinkam: *XX. AUG./ MDCXV*, also
am 20. August 1615. Doch wie gelangt eine Kanonenkugel in eine
Kirchenmauer? Sei es nun am 20. August 1615 oder an irgendeinem
anderen Tag?

Die Geschichte dahinter kann Gästeführerin Ilse Geiler erzählen.
Doch da gibt es viele Legenden, die erst mal als solche definiert werden
müssen. „Braunschweig wurde immer wieder Ziel von Angriffen der
Welfen-Herzöge", erklärt sie. Und das hat folgenden Grund: „Braunschweig war seit dem 13. Jahrhundert Hansestadt und recht selbstbewusst, zumal es Ende des 15. Jahrhunderts Vorort des sächsischen Quar-
tiers der Hanse war", erzählt die Braunschweigerin. „Man war so
selbstbewusst, dass man gerne reichsunmittelbar sein wollte. Deshalb
wurde der Herzog weggeschickt – nach Wolfenbüttel." Das war im Jahr
1432, und es „war der Beginn eines jahrhundertelangen Streits", sagt Ilse
Geiler. „Der Herzog wollte zurück, die Bürger wollten ihn aber nicht."

Diese Situation hatte mehrere Belagerungen zur Folge – unter
anderem im Sommer 1615. Eigentlich hatte sich der im Januar 1615
neu gewählte Rat – die Patrizierherrschaft war gerade beseitigt worden
– mit dem seit 1613 regierenden Herzog Friedrich Ulrich (1591-1634)
aussöhnen wollen. Doch als der die Zahlung von hohen Jahresabgaben
und die Verlegung der herzoglichen Residenz von Wolfenbüttel nach
Braunschweig forderte, war es vorbei mit dem guten Willen. Denn für
die Braunschweiger hätte es das Ende der Stadtfreiheit bedeutet. Die
Verhandlungen scheiterten im Juli 1615 und die Truppen des Herzogs
belagerten die Stadt drei Monate lang, vom 22. Juli bis November 1615.
Dabei flogen auch Kanonenkugeln. Eine Kugel traf die Katharinenkirche am Markt. Die Kanonenkugel, die Ilse Geiler zeigt, landete in den

Ilse Geiler erzählt die Geschichte der Kanonenkugel.

Mauern des Doms. Später habe man sie dann an der entsprechenden Stelle befestigt. „Angeblich soll sie vom Nußberg aus auf die Kirche gefeuert worden sein", sagt die Braunschweigerin. „Sein kann das aber nicht wirklich, denn dann müsste sie drei Kilometer geflogen sein." Eine andere Variante besagt, die Kugel sei auf dem Giersberg abgefeuert worden, aber das ist ähnlich weit entfernt und damit ähnlich unmöglich. Auch der geschichtskundige Braunschweiger Thomas Oswald hat die Sache untersucht und schließt im Grunde aus, dass die Kugel von einem der Hügel abgeschossen worden sein könnte: „In der Geschichte der Artillerie gibt es zwar durchaus Nachweise von Schüssen aus Distanzen bis zu 4.000 Meter, aber diese riesigen Mörser waren nicht in der Lage, genau zu treffen und gaben innerhalb eines Gefechts nur wenige Schüsse ab", schreibt er in einem Aufsatz zum Thema und fügt als Begründung hinzu: „Zum einen war die Qualität des Pulvers nicht ausreichend, und zum anderen hielten die gegossenen Geschützrohre eine solche Belastung nicht lange genug aus." Wie also kam die Kugel in die senkrechte Mauerstrebe zwischen zwei Fenstern? „Sie dürfte nach der Belagerung gefunden und als Mahnung vermauert worden sein", vermutet Ilse Geiler.

Erinnerung an blutige Auseinandersetzungen im 17. Jahrhundert.

Bei der Belagerung der Stadt Braunschweig im Jahr 1615 kommt übrigens auch eine Frau ins Spiel, die damals 34-jährige Gesche Meiburg (um 1581-1617), auch Gesche oder Geßke Magdeburg genannt. Als die Situation für die Braunschweiger immer bedrohlicher und die Lage am frühen Morgen des 14. September sogar vollkommen hoffnungslos wurde, weil die Eroberung kurz bevorzustehen schien, tat sie sich mit mehreren Braunschweigerinnen zusammen, um die Männer beim Kampf zu unterstützen. „Dank den Frauen soll es gelungen sein, die Stadt zu verteidigen", erzählt Ilse Geiler. „Man nannte Gesche Meiburg dann auch Jeanne d'Arc von Braunschweig. Angeblich soll sie mit Waffen oben auf den Stadtmauern gestanden und mit dem Schwert gegen die Belagerer gekämpft haben." Das wurde Herzog Friedrich Ulrich umgehend mitgeteilt. Der Berichterstatter nannte Gesche „ein Weib, welches tapfer gewehrt", denn sie habe den Angreifern „bei dem Einfall auf den Wall mit Steinwerfen und dem Schlachtschwerdt großen Schaden gethan, hat keine Brustwehr zu ihrem Vortel gehabt, sondern ganz offenbar auff dem Walle gestanden, hat den Soldaten zugeruffen: sie solten nur getrost zu schießen, und sich tapfer wehren, so lange sie bey ihnen were, hette es gar keine Gefahr." Gesche, wie sie dort oben stand, wurde zwar heftig angegriffen, es „seind wie der Fendrich berichtet

„Angeblich soll sie vom Nußberg aus auf die Kirche gefeuert worden sein. Sein kann das aber nicht wirklich, denn dann müsste sie drei Kilometer geflogen sein."

in 500 Schüsse mit Musqueten nach ihr gethan, aber alles vergeblich, ist ohne Zweifel Petrus oder ein Engel gewesen". Ein Engel. Für Braunschweig wurde Gesche zu einem rettenden Engel: Nachdem sie durch ihr beherztes Eingreifen Schlimmeres verhindert hatte, wurde die 34-Jährige hoch verehrt. Man druckte Flugblätter über die „Braunschweiger Heldenjungfrau", die weithin verteilt wurden. Und in dem Kriegsbericht *Braunschweygische Kriegshandlung* steht: „Auf dem Wall hat auch eine unverheiratete Weibsperson Geßke Magdeburgs genannt von 34 Jahren alt, mit einem Schwert, Streithammer und Muskete armiert, sich ritterlich gehalten und manchen Kriegsmann beschädigt und das Licht ausgeblasen, nach welcher hinwider viele Schüsse geschehen, aber unverletzt blieben."

Auch an Gesche und die anderen tapferen Braunschweiger Frauen erinnert die Kugel, die wohl irgendwann während der dreimonatigen Belagerung fiel.

Eva-Maria Bast

So geht's zur Kanonenkugel:

Die Kanonenkugel steckt außen in der Ostwand des Doms, zeigt also zur Münzstraße hin.

Fassade

Was vom Alten Bahnhof übrig blieb

Der Eisenbahn-Spezialist Heiko Krause steht vor dem prächtigen ehemaligen Direktionsgebäude der Norddeutschen Landesbank am Friedrich-Wilhelm-Platz und weist auf einen unterhalb des Gebäudes und direkt über der Oker gelegenen rechteckigen Platz hin: „Dies war der Freisitz oder, wenn man so will, der Kaffee- und Biergarten der Bahnhofsgastronomie." Bahnhof? Das Gebäude, vor dem Krause steht, und sein Umfeld deuten auf nichts hin, was mit einem Bahnhof in Verbindung zu bringen wäre! Und doch ist es so: Der Heimatforscher steht vor dem letzten Rest des Alten Hauptbahnhofs, aus dem der letzte Zug unter großer Anteilnahme der Braunschweiger Bürger am 1. Oktober 1960 ausfuhr, und zwar um 23.08 Uhr nach Salzgitter-Ringelheim.

Das Bahnhofsrelikt ist die Nordfassade des Sparkassengebäudes – die einst die Nordfassade des Restaurationsgebäudes war. Der Bahnhof wurde nach Plänen Carl Theodor Ottmers (1800-1843), der die Fertigstellung nicht mehr erlebte, von 1843 bis 1845 gebaut. Es war bereits der zweite, der an dieser Stelle für die Staatsbahn errichtet wurde. Der erste von 1838, ebenfalls von Ottmer geplant, war wegen des unvorhergesehen hohen Verkehrsaufkommens zu klein geworden.

Ein weiteres Relikt aus dem Alten Bahnhof befindet sich auf dem Bankgrundstück, nämlich ein gut erhaltenes Kapitell aus dem prächtigen Haupteingang. „Es ist der letzte Überrest des Eingangsportals zu dem von Hofbaumeister Carl Theodor Ottmer geplanten Braunschweiger Hauptbahnhof", erklärt Krause. Für den Eingang an der Westseite des Bahnhofs hatte Ottmer eine prachtvolle Rotunde mit acht Säulen errichten lassen, die je von einem Kapitell, also dem oberen Abschluss der Säule, in korinthischem Stil gekrönt wurden. Das Kapitell wurde im Februar 2017 wegen umfangreicher Bauarbeiten auf dem Sparkassengelände von seinem Platz entfernt und sicher verpackt. Voraussichtlich 2018 wird es wieder zu betrachten sein.

Heiko Krause ist überzeugt: Der Löwe ist ungefährlich!

Dieser Alte Bahnhof war vor allem aus zwei Gründen berühmt. Zum einen als zentraler Bahnhof der 1838 in Betrieb genommenen Herzoglich-Braunschweigischen Staatseisenbahn, der ersten Staatsbahn in Deutschland. Zum anderen, weil sein Erbauer der Architekt und Hofbaumeister Carl-Theodor Ottmer (1800-1843) war. Die Staatsbahn war eine große Errungenschaft für das kleine Herzogtum Braunschweig, das immer unter dem Druck seiner hannoverschen und preußischen Nachbarn stand. Insofern hatte sie nicht nur immense wirtschaftliche, sondern auch eine hohe politische Bedeutung.

Dass der Bahnhof als Kopf- oder Sackbahnhof konzipiert und angelegt worden war, sollte ihm im 20. Jahrhundert zum Verhängnis werden. Denn die Tatsache, dass die früheren Lokomotiven nur in Vorwärtsrichtung die maximale Geschwindigkeit erreichen durften und daher zeitaufwändig bei einer Richtungsänderung umgesetzt werden mussten, passte nicht mehr in das zunehmend hektisch werdende Leben in der zweiten Hälfte des letzten Jahrhunderts. Was heute für alle Personenzüge selbstverständlich ist, nämlich die Änderung der Fahrtrichtung, wann immer man dies will, war erst einige Jahre nach der Aufgabe des Alten Bahnhofs und der Inbetriebnahme des diesen ersetzenden, außerhalb des Zentrums gelegenen neuen Hauptbahnhofs möglich.

Was vom Alten Bahnhof übrig blieb: die Fassade.

Im Laufe der Jahrzehnte mussten das alte Bahnhofsgebäude und dessen Gleisanlagen mehrfach erweitert werden. Doch als dort im Zweiten Weltkrieg 1944 auch eine Flak-Stellung untergebracht worden war, beschädigten Luftangriffe das Gelände auf das Schwerste und es konnte nur noch sehr eingeschränkt genutzt werden. In der Nachkriegszeit wurde dann nur noch das Allernötigste zur Aufrechterhaltung des Betriebs investiert, weil sich die Stadt 1947 dazu entschlossen hatte, einen neuen Bahnhof im Bereich des ehemaligen Ostbahnhofs zu planen. Nach der Stilllegung des Alten Bahnhofs 1960 konnte wegen der schlechten Bausubstanz nur die Nordfassade des Restaurationsgebäudes stehen bleiben. „Erfreulicherweise konnte der Architekt Hannes Westermann die Fassade für den Neubau der Bank verwenden", erläutert Heiko Krause den baugeschichtlichen Zusammenhang. So kommt es, dass noch heute die historische Fassade das vergleichsweise neue Gebäude schmückt.

Schon immer hatten Bahnhöfe auch eine kommunikative, gesellschaftliche Funktion – wie alle Orte, an denen verschiedenste Menschen aufeinandertreffen. Ottmer hat den Eingang besonders prachtvoll und einladend geplant. Die Menschen sollten sich freuen beim Betreten des Bahnhofes und auch angenehme Gefühle auf die Reise mitnehmen. Auf der gegenüberliegenden Ostseite verließen die Reisenden den Bahnhof durch den schmucklosen Ausgang, dem sie ohnehin nur den Rücken zuwandten.

Der Aufenthalt in einem solchen architektonisch aufwändig gestalteten Gebäude ist durchaus mit Pathos beschrieben worden, wie man dem Gedicht „Auf dem Bahnhof" von Adalbert von Hanstein (1861–1904) entnehmen kann:

Funkensprühender Schienenlauf / Schimmert im Achterstrahle, / Mächtig weitet die Halle sich auf, / Wölbt den steinernen Bogen hinauf / Über dem dunkeln Portale.

Ein großer Vorteil des Alten Bahnhofs wurde mit seiner Aufgabe aber ebenfalls hinfällig: die unmittelbare Zentrumsnähe. Vor Oktober 1960 brauchte es nur eine kurze Fahrt aus dem Umland in einem der roten „Schienenbusse", bis die Passagiere mitten in der quirligen Großstadt aussteigen und sich vor dem Gang durch die Geschäfte zum Beispiel mit einer „Bouillonwurst" stärken konnten.

Georg Ruppelt

....
So geht's zur Fassade:

Mit welchem Verkehrsmittel auch immer oder zu Fuß den Friedrich-Wilhelm-Platz erreichen und über die Oker blicken.

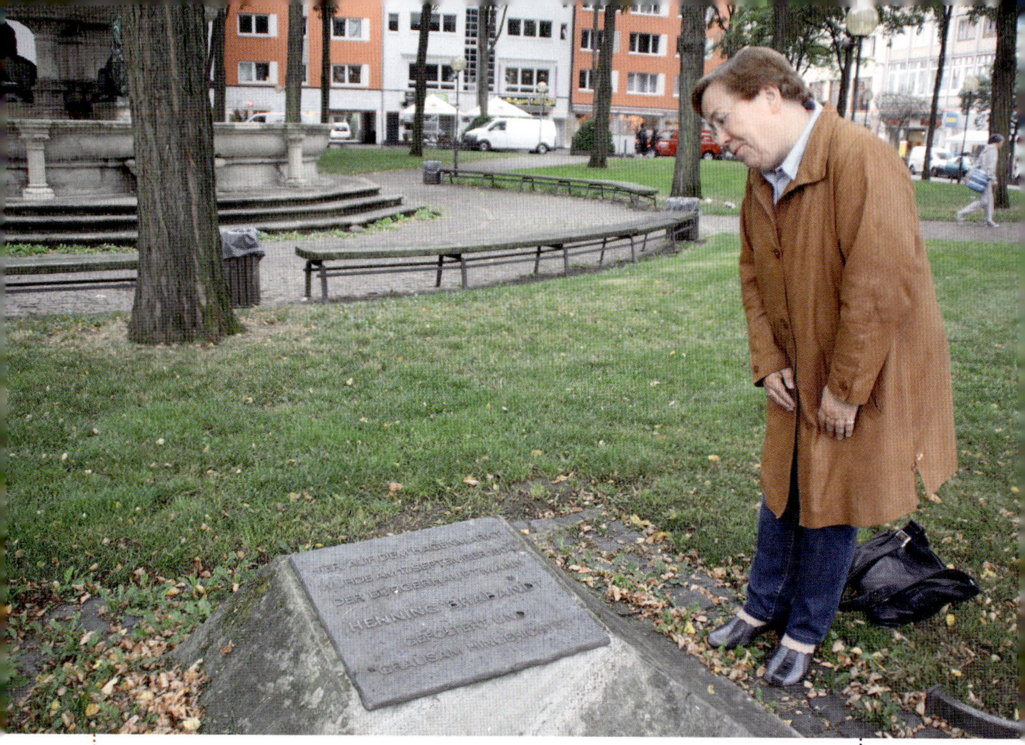

Anke Wickboldt studiert die Inschrift auf der Gedenkplatte für Henning Brabandt.

26

Gedenkplatte

Die Geschichte einer grausamen Hinrichtung

Eigentlich, findet Anke Wickboldt, ist der Ort für die Gedenktafel gut gewählt. Schließlich ist die Stelle, an der sie liegt, genau jene, an der Henning Brabandt (um 1550 -1604), dem die Gedenkplatte gewidmet ist, grausam hingerichtet wurde. Doch der Nachteil des Ortes sei, dass eigentlich niemand die Gedenktafel bemerkt. „Wer stellt sich schon an eine vielbefahrene Straße, um am Parkrand die Inschrift einer Tafel zu lesen?“, fragt sie und bedauert, dass die Tafel dadurch in Vergessenheit geriet.

Zu der Zeit, als der Jurist Henning Brabandt als gewählter Bürgerhauptmann wirkte, befand sich Braunschweig in einer langwierigen Auseinandersetzung mit dem Herzogtum. Die Landstadt verweigerte dem neuen Herzog die Huldigung und strebte danach, reichsfrei zu werden, doch Herzog Heinrich Julius von Braunschweig-Wolfenbüttel (1564-1613) war dazu entschlossen, Braunschweig zu unterwerfen. Eines der von ihm gewählten Mittel war es, Handel und Verkehr zu behindern und dadurch Mangel hervorzurufen, wodurch sich unter der Bürgerschaft Unzufriedenheit mit dem Rat der Stadt breitmachte. Diese Konfliktlage führte dazu, dass genau darauf geachtet wurde, ob jemand die Sache der Stadt unterstützte oder womöglich aufseiten des Herzogs stand.

Doch auch ohne diesen Anlass herrschte schon genug Zwietracht zwischen dem Rat und den Gilden sowie den demokratisch gesinnten Stadthauptleuten, den Vertretern der Bürgerschaft. Die Verfassung war zugleich aristokratisch und demokratisch. Der von den Gildemeistern und Bürgerhauptleuten gewählte Rat bestand großenteils aus Personen, die den patrizischen Geschlechtern angehörten. Aus der Mitte dieses Rats wurde ein Ausschuss als Stadtregiment gebildet. Gegen dieses Regiment kämpften die Bürgerhauptleute als Führer der Bürgerschaft.

„Wer stellt sich schon an eine vielbefahrene Straße, um am Parkrand die Inschrift einer Tafel zu lesen?"

Henning Brabandt wurde zum Oppositionsführer der acht Bürgerhauptleute im Altstadtrat gewählt, die Demokratie und mehr Mitspracherecht im Rat forderten. Dieter Diestelmann schreibt dazu: „Wirtschaftlich war die Kluft zwischen Arm und Reich immer breiter geworden und politisch lag die Macht inzwischen wieder weitgehend in den Händen der Stadtjunker. Die reichen ‚Geschlechter' hielten die Ratssitze besetzt. Vetternwirtschaft verhinderte korrekte Ratswahlen." Eine Neuerung im Rat zu jener Zeit sei auch die Einführung der Ratsbesoldung gewesen, bis dato hatten die Ratsmitglieder ehrenamtlich gearbeitet. Sowohl die Bürgerhauptleute als auch die Bevölkerung hätten sich heftig gegen diese „Ratsbesoldung" gewehrt. All das führte zu einem Konflikt mit den städtischen Patriziern, die zudem dem Landesherrn durch Lehnseide verpflichtet waren. Aufgrund dieser Lehnsverhältnisse verdächtigten die Bürgerhauptleute die Geschlechter, sie seien mit dem Herzog verbunden und nicht aufseiten der Stadt. So musste der Rat am 28. Mai 1601 einen „Neuen Rezeß" unterzeichnen. „Dadurch haben die Patrizier ziemlich viel Macht verloren", erklärt Anke Wickboldt die Veränderung der Lage.

Noch war es zweifelhaft, welche Partei die Stadtgeistlichkeit ergreifen werde. Doch am Dreikönigstag 1602 wurde eine Predigt gehalten, in welcher der Coadjutor Magister Kaufmann mahnte, man solle in der tags darauf anstehenden Ratswahl „ehrliche Leute und nicht solche Leute kiesen, welche in Wollust, Ueppigkeit und Ehebruch lebten", wie der Autor Ferdinand Spehr zitiert. Ein deutlicher Hinweis auf die Stadtjunker. Am 7. Januar legten 28 Mitglieder des Rats ihre Stellen nieder, was zur Folge hatte, dass die Patrizier den Rat nicht mehr dominierten, als er neu zusammentrat. Dieser aus der Mitte der Bürgerschaft gewählte Rat, dessen Gewalt durch den von Brabandt entworfenen „neuen Receß" bedeutend eingeschränkt wurde, war demokratischer als je zuvor. Die Ereignisse gingen als „Brabandtsche Revolution" in die Geschichte ein.

Henning Brabandt, „mit dessen Geistesschärfe, Beredsamkeit, Gewandtheit in Geschäften und Gelehrsamkeit sich zu jener Zeit in Braunschweig kein anderer vergleichen konnte", war „bei seinen Mitbürgern in so hohem Grade beliebt (…), daß er allgemein als der ‚gute Mann' bezeichnet wurde", so Spehr. Er sagt die Wahrheit, doch übertreibt er dabei, was zur Verschärfung, aber vorerst auch zum Erfolg beiträgt. Er erhält ein Ehrengeschenk der Bürgerschaft. Er bleibt Bürgerhauptmann und lässt sich nicht etwa in den Rat wählen, weil er den Anschein vermeiden will, er sei ehrgeizig. Und er gibt sogar seine Tätigkeit als Jurist auf, um sich ganz seiner Aufgabe als Bürgerhauptmann widmen zu können. Er reist im Auftrag des Rats und der Bürgerschaft mit einer Delegation an den kaiserlichen Hof nach Prag, um den Kaiser im Streit mit Herzog Heinrich Julius für Braunschweig einzunehmen.

Während seiner Abwesenheit haben sich jedoch die Verhältnisse sehr zu seinen Ungunsten verändert. Zum einen blieb ihm der Erfolg bei Kaiser Rudolf II. (1552-1612) versagt. Zum anderen hat die Geistlichkeit die Seite gewechselt und unterstützt nun die Patrizier. Der Herzog bereitet kriegerische Maßnahmen gegen die Stadt vor und beeinträchtigt die wirtschaftliche Tätigkeit der Bürger. Die Geistlichkeit stellt den entstehenden Mangel als Strafgericht Gottes für den „neuen Receß" von 1602 dar. Schließlich werden sämtliche Stadthauptleute exkommuniziert und vom Abendmahl ausgeschlossen. Für Brabandt spitzt sich die Situation zu, weil er als Beauftragter der Stadt mehrfach mit dem herzoglichen Kanzler verhandelt hatte, um Frieden zu stiften, und nun verdächtigt wird, er sei mit dem Herzog im Bunde und wolle die Stadt an ihn ausliefern. Damit nicht genug: Aberglaube greift um sich und „B. wurde angeklagt, daß er seine Schriften mit Hülfe und unter Beistand des Teufels verfaßt habe und

Henning Brabandt wurde grausam gefoltert und auf dem Hagenmarkt hingerichtet. Die Gedenktafel erinnert daran.

alle Schritte gegen den alten Rath ihm vom Bösen eingegeben seien, der ihn in Gestalt eines schwarzen Raben besuche und auf offener Straße verfolge", berichtet Spehr.

Alle Versuche, sich zu verteidigen, halfen nichts. Die Bürgerschaft stellte sich gegen den neuen Rat. Dieser suchte die Unterstützung der Geistlichkeit, um sich halten zu können, und wandte sich nun selbst gegen die Stadthauptleute. Die Unruhen gipfelten schließlich in den Ereignissen vom 3. September 1604, als der Rat die Stadttore schließen ließ und die Bevölkerung aufforderte, auf dem Hagenmarkt zusammenzukommen. Brabandts Anhänger, verwundert über das, was sich in der Stadt tat, versammelten sich derweil am Altstadtmarkt. „Sie schickten eine Delegation zum Rat mit der Bitte um Auskunft, was das Schließen der Tore und das Treffen auf dem Hagenmarkt zu bedeuten habe. Der Rat beschwichtigte die Delegation, und diese vertraute ihm. Henning Brabandt ging dann mit einigen Freunden in die Gaststätte des Braumeisters Arndt Bierschwale an der Langen Brücke", schreibt

Dieter Diestelmann. Und in diese Gaststätte seien abends gegen 20 Uhr Brabandts Gegner eingedrungen, hätten die Versammelten festgehalten, nur Brabandt und einem Freund, Henning Depenau, sei die Flucht durchs Fenster in die Oker gelungen. Während der Flucht brach sich Brabandt ein Bein, konnte sich aber trotzdem verstecken. „Doch er wurde verraten und verhaftet", schildert Anke Wickboldt die weiteren Ereignisse.

„Brabandt wurde schlimm gefoltert und legte schließlich ein Geständnis ab, was man aber natürlich nicht ernst nehmen durfte – denn man hat dieses Geständnis ja schließlich erpresst, indem man ihm größte Qualen zugefügt hat."

„Brabandt wurde schlimm gefoltert und legte schließlich ein Geständnis ab, was man aber natürlich nicht ernst nehmen durfte – denn man hat dieses Geständnis ja schließlich erpresst, indem man ihm größte Qualen zugefügt hat", sagt die Gästeführerin. Sie hat auch ein besonders grausames Detail recherchiert: Der Jurist gestand, zum Aufruhr angestiftet zu haben und mit dem Teufel im Bund gewesen zu sein. Außerdem habe er die Stadt an den verhassten Herzog Heinrich Julius verraten. Brabandt wurde schuldig gesprochen und schließlich am 17. September 1604 auf dem Hagenmarkt hingerichtet. Glühende Zangen kamen zum Einsatz und man zerriss ihn bei lebendigem Leibe. Anke Wickboldt sagt: „Die Folterungen waren so schlimm, dass die Folterknechte die Folterung unterbrachen und in der nahegelegenen Kirche um ihr Seelenheil beteten." Geholfen hat das sicherlich nichts.

Eva-Maria Bast

So geht's zur Gedenkplatte:

Sie befindet sich an der Nordseite des Hagenmarkts am Parkrand direkt an der Straße.

104

Die Namen der Kunstkritiker auf den Badehosen der Ringer.

Badehosen mit Namen

Sieg der Kunst über die Kritik

Schlussendlich hat der Künstler die Figuren angezogen. Thomas Ostwald, der es miterlebt hat, kann die Geschichte, die getrost als aufregend bezeichnet werden darf, erzählen. Sie begann damit, dass die Stadt Braunschweig in den 1970er-Jahren beschloss, einen Brunnen am Sack haben zu wollen. „Die Stadt hat damit unseren beeindruckenden Bildhauer Prof. Jürgen Weber beauftragt. Und eine seiner ersten Fragen war: Wo soll denn der Brunnen hin?", erzählt Thomas Ostwald. Weber habe recherchiert, dass sich am Sack schon einmal ein Brunnen befunden habe, und die genaue Stelle ausfindig gemacht. „Bei den Probebohrungen hat man dann auch tatsächlich den Schacht gefunden."

Jürgen Weber (1928-2007) habe die Idee gehabt, auf dem Brunnen zwei griechische Kämpfer darzustellen: den klugen Helden Herakles und den Riesen Antaios im Ringkampf. „1973 wurde der Entwurf ausgestellt. Und die Empörung war riesig." Warum? „Hauptargument der

105

Thomas Ostwald sagt: „Am Ende hat die Kunst gesiegt."

Gegner war, wie man auf die Idee kommen könne, mitten auf dem Schulweg zwei nackte Männer hinzustellen, die den Passanten ihre Geschlechtsteile entgegenhalten", erinnert sich Ostwald.

Doch Bildhauer Weber sei niemand gewesen, der sich viel gefallen ließ: „Er hat auf den Putz gehauen und nachgewiesen, dass es Kampagnen gegen ihn gab." Dann habe er die Figuren angezogen. Mit Höschen, auf denen die Namen derer zu lesen sind, die ihn besonders kritisierten. „Stellen Sie sich Folgendes vor: Am 15. August 1975 stehen bei der Einweihung die eingeladenen Honoratioren, darunter auch die lautesten Kunstkritiker. Die Ringer sind mit einem Tuch bedeckt. Als es fällt, fangen die Leute, die mit Sicht auf die Höschen stehen, fürchterlich an zu lachen." Und auf den Beinen steht „Kunst" und „Kritik", schildert Thomas Ostwald vergnügt das Ereignis.

Wie gut das zu den Figuren passt! Der Riese (die Kritik) ist nicht zu schlagen. Es sei denn, es gelingt (der Kunst), ihn auszuhebeln. „Der Künstler selbst ist Herakles und hebelt die Kraft der Kritik aus, indem er sie bodenlos macht", kommentiert Ostwald. Obendrein: „Weil er sich so über die Stadt Braunschweig geärgert hat, hat er noch ein besonderes Geschenk mitgebracht. Im Entwurf standen die Männer auf einer Platte. Jetzt steht Herakles auf dem Löwen, dem Symbol der Stadt Braunschweig. Er hat sie besiegt, tritt sich gar die Füße an ihr ab."

Empörung seitens der Stadt? Ostwald lächelt und sagt: „Nein. Das ist das Recht der Kunst. Die Kunst hat am Ende gesiegt."

Eva-Maria Bast

So geht's zu den Badehosen mit Namen:

Sie befinden sich an den Allerwertesten der Ringer am Ringerbrunnen. Und der steht unübersehbar am Sack, mitten auf dem Platz.

Mit dem Löwen am Haus Leuenturm hat es eine ganz besondere Bewandtnis.

Haus Leuen-Turm

Von echten Löwen und armen Schluckern

Jörg Porsiel steht auf dem Kohlmarkt und erläutert die historischen Gebäude mit den dazugehörigen Ereignissen und Geschichten. Schließlich richtet er den Blick auf ein eher unscheinbares Wohn- und Geschäftshaus. Den wenigsten Passanten, die an ihm tagein, tagaus vorbeigehen, dürfte auffallen, dass dort auf halber Höhe des Gebäudes eine Löwendarstellung vor einem alten Turm mit der Beschriftung *Haus Leuen Turm* zu sehen ist. Zu hoch über ihren Köpfen ist das Gebilde an der Fassade angebracht. Das Haus selbst stammt aus dem Jahr 1777 und ist nach einem Bauwerk benannt, das vorher dort stand und 1639 abgerissen wurde. Möglicherweise war es der „Löwen-" oder „Ulrichsturm", der wiederum nach der nahestehenden, im 17. Jahrhundert abgerissenen Kirche gleichen Namens benannt wurde. Der Löwe aber – von lateinisch „leo", altertümlich-poetisch „Leu", niederdeutsch-braunschweigisch „Laue" oder „Lauwe" – ist das Wahrzeichen für Stadt und Land Braunschweig schlechthin. „Der Löwenturm, auch Löwentor genannt, hat als Teil der Stadtbefestigung im Mittelalter die östliche Begrenzung der Altstadt zum Weichbild Altwiek, einem Siedlungsbezirk mit eigenem Rechtscharakter, gebildet", erklärt Jörg Porsiel. Und er erinnert an eine Legende, nach der der Rat der Stadt um 1400 beschlossen habe, im Turm ein real existierendes Exemplar des Braunschweiger Wahrzeichens zu halten. Man habe für viel Geld in Italien einen Löwen gekauft und dessen Aufenthalt im Ulrichsturm habe zum Namen Löwen-Turm beziehungsweise Löwentor geführt. Gesichert dagegen ist, dass der Leuen-Turm bis zu seinem Abriss 1639 unter anderem auch als Schuldturm für zahlungsunfähige Bürger und freche Bürgersöhne diente, wie Porsiel zu berichten weiß.

Auch wenn er ihm den Rücken zukehrt: Jörg Porsiel weiß, was es mit dem Löwen hoch oben an der Fassade auf sich hat.

Doch die Geschichte des Leuen-Turmes ist noch älter. Er spielte schon eine Rolle gegen Ende des 13. Jahrhunderts, und zwar in der ersten Braunschweiger „Schicht". Mit „Braunschweiger Schichten" wurden die Aufstände der von den Handwerksgilden geprägten Bezirke bezeichnet, die ihre Machtbasis zu Ungunsten der patrizischen Oberschicht der Altstadt erweitern wollten. In der blutigen Schicht der Gildemeister sagten sich zwölf Gildemeister vom alten Rat der Stadt los und zogen in den Löwenturm, den sie zu ihrem neuen Rathaus machen wollten. Der Aufstand scheiterte, der Gilderat wurde hingerichtet und der alte Rat wieder eingesetzt.

Immer wieder kam es in den folgenden Jahrhunderten zu gewaltsamen Auseinandersetzungen und Hinrichtungen. Diese „Schichten" wie auch die Jahrhunderte andauernden Konflikte der Braunschweiger mit ihren Landesherren, spiegeln sich auch in der Literatur wieder. So werden die Braunschweiger häufig als tapfer, hartköpfig und widerborstig bezeichnet. Wilhelm Raabe schrieb 1865 über die einstmals aufmüpfige Stadt, die wenige Jahre später seine Heimat werden sollte: „Mancher Steinwurf aus Bliden und Mangen (Katapulte, Wurfmaschinen), manche Geschützkugel sind seit fast tausend Jahren auf dieses alte Braunschweig herabgefahren und -geprasselt; aber es hat die stattliche Mauerkrone immer wacker hochgehalten, und der rote Löwe hat sich immerdar gut gewehrt, – gut gegen äußere Feinde, aber am besten gegen die eigenen Landesherren."

„(...) der rote Löwe hat sich immerdar gut gewehrt, – gut gegen äußere Feinde, aber am besten gegen die eigenen Landesherren."

Der Löwe vom Leuen-Turm, der nach dem Zweiten Weltkrieg, also nach dem Verlust der Eigenständigkeit des Landes Braunschweig, seinen jetzigen Platz gefunden hat, blickt übrigens nicht nach Osten wie der Burglöwe, sondern nach Westen in Richtung niedersächsische Landeshauptstadt – gewiss nur ein Zufall.

Georg Ruppelt

So geht's zum Haus Leuen-Turm:

Das Haus Leuen-Turm erreicht man von der Mitte des Kohlmarktes mit 50 Schritten in die Straße Hutfiltern. Dort ist es die Hausnummer 2. Der Löwe ist in der Mitte des zweiten Geschosses zu sehen.

Andreas Jäger weiß, warum diese Steine dunkel verfärbt sind.

Schwarze Steine

Überreste einer bewegten Geschichte

„Sehen Sie die dunklen Steine?", fragt Andreas Jäger. „Ich habe schon manch einen gesehen, der hier stand und sich fragte, was es damit auf sich hat." Er zeigt auf die dunklen Verfärbungen im Mauerwerk des Braunschweiger Schlosses. „Tatsächlich sind genau diese Steine ganz besonders bedeutsam", sagt er. „Denn sie stammen noch vom ursprünglichen Braunschweiger Schloss."

Das hatte allerdings eine ungewöhnlich wechselvolle Geschichte: „Hier stand einmal das Stadthaus der Zisterziensermönche aus dem Kloster Riddagshausen", beginnt er die Geschichte zu erzählen. In jener Zeit nannten die Braunschweiger das Gebäude aufgrund der grauen Mönchskutten „Grauer Hof". Später hätten die in Wolfenbüttel residierenden Herzöge aus dem Geschlecht der Welfen in dem Gebäude Unterkunft genommen, wenn sie sich in Braunschweig aufhielten, berichtet Andreas Jäger. Und dann, im Jahr 1717, wurden die alten Klostergebäude schließlich abgerissen, um Platz für den Bau der Residenz zu machen.

Hermann Korb (1656-1735) schuf die erste Braunschweiger Residenz der Herzöge. Die Bauzeit dauerte lange und war 1753 noch nicht abgeschlossen, trotzdem zogen die Herzöge 1754 von Wolfenbüttel nach Braunschweig um. Endgültig fertiggestellt wurde dieser Bau erst um 1790. Als Braunschweig in den Jahren 1806 bis 1813 von Napoleons Truppen besetzt war, erfuhr das Schloss eine Umgestaltung in den Empire-Stil: Es diente Napoleons Bruder Jerome Bonaparte (1784-1860), König von Westphalen, als Winterresidenz. Doch dieses Königtum dauerte

> *„Die Braunschweiger erhoben sich gegen Herzog Karl, der ausgesprochen unbeliebt war, auch weil unter seiner Regierung zahlreiche Steuererhöhungen auf die Braunschweiger zukamen."*

nicht lange: Nachdem Napoleon geschlagen war, wurden die alten Herrscherhäuser wieder eingesetzt. Für Braunschweig bedeutete das: Das von Napoleon für erloschen erklärte Herzogtum wurde 1814 in den alten Grenzen des Fürstentums Braunschweig-Wolfenbüttel neu errichtet und Friedrich Wilhelm (1771-1815), dem „Schwarzen Herzog", übergeben. Dieser hatte ein braunschweigisches Korps, die „Schwarze Schar" aufgestellt und kämpfte im 5. Koalitionskrieg. Er fiel bei Quatre-Bras in den Niederlanden im Juni 1815, sein Leichnam wurde nach Braunschweig überführt und in der Krypta des Braunschweiger Doms beigesetzt. Sein fast elfjähriger Sohn Karl II. (1804–1873) folgte ihm als Herzog von Braunschweig. Dessen Onkel, Georg IV. (1762-1830) von Großbritannien und Hannover, übte bis zu Karls Volljährigkeit 1823 die Regentschaft aus (siehe Geheimnis 36). Karls absolutistischer Regierungsstil kam bei der Bevölkerung nicht gut an. Nach einer Missernte herrschten im Herzogtum 1830 Arbeitslosigkeit, Hunger und große Unzufriedenheit. „Die Braunschweiger erhoben sich gegen Herzog Karl, der ausgesprochen unbeliebt war, auch weil unter seiner Regierung zahlreiche Steuererhöhungen auf die Braunschweiger zukamen", sagt Andreas Jäger. Und eben an jenem 7. September 1830 stürmte eine Menschenmenge das Schloss und steckte es in Brand. Der Nord- und Mitteltrakt seien vollständig abgebrannt, der Südflügel wurde beschädigt. „Immerhin erreichten die Braunschweiger ihr Ziel: Herzog Karl II. floh und kam nie wieder in die Residenzstadt zurück", erzählt Andreas Jäger.

Sein Bruder Wilhelm (1806-1884) trat die Regentschaft an und erteilte seinem Hofbaumeister Carl Theodor Ottmer (1800-1843) den Auftrag für den Neubau. Grundsteinlegung war am 26. März 1833, im Dezember 1837 war es so weit, dass die Privaträume der herzoglichen Familie im Nordflügel bezugsbereit waren. Die Fertigstellung erfolgte aber erst im März 1841. „Wobei Fertigstellung nicht ganz korrekt ist",

Alte Steine, neuer Bau.

sagt Andreas Jäger. „Herzog Wilhelm wollte das Schloss ab 1839 nicht weiter ausbauen lassen – eigentlich war ein noch wesentlich prachtvollerer Bau geplant gewesen." Gut zwanzig Jahre später brannte auch dieses Gebäude ab: Da hat wohl jemand sehr unvorsichtig mit dem Licht agiert", kommentiert der Gästeführer. „Jedenfalls gab es einen Kurzschluss und der Nordund Nordwesttrakt des unlängst errichteten Schlosses brannten 1865 ab. Man hat es dann allerdings gleich wiederaufgebaut."

Die braunschweigische Linie der Welfen endete mit dem Tod von Herzog Wilhelm am 18. Oktober 1884, er hatte keine legitimen Erben. Zunächst regierte nun der Thronrat, dann Albrecht von Preußen und nach dessen Tod schließlich Johann Albrecht zu Mecklenburg bis zum 1. November 1913. Als Herzog Ernst August III. von Braunschweig-Lüneburg (1887-1953) im Jahr 1913 mit Prinzessin Viktoria Luise von Preußen (1892-1980), Tochter Kaiser Wilhelms II., den Bund der Ehe schloss, kam es zu einer Aussöhnung zwischen den Hohenzollern und Welfen. Und deshalb zog 1913 doch noch einmal ein Welfe ins Braunschweiger Residenzschloss ein. Bis zum 8. November 1918 residierten Angehörige des Hauses Braunschweig-Lüneburg im Schloss, dann erreichte die Novemberrevolution auch Braunschweig: Ernst August wurde zur Abdankung gezwungen. Der revolutionäre Arbeiter- und Soldatenrat übernahm die Regierung und residierte nun im Schloss, später wurde es ein Museum. Im Dritten Reich war hier ab Juni 1935 die SS-Junkerschule beheimatet, in der SS-Offiziere ausgebildet wurden. Im Zweiten Weltkrieg schließlich wurde das schon so oft zerstörte Gebäude abermals schwer getroffen und stand nach Kriegsende nur noch als Ruine da. Gegen großen Widerstand und mit nur ganz knapper Mehrheit beschloss der Stadtrat schließlich am 21. Dezember 1959 den Abriss des Braunschweiger Schlosses, der bis Juli 1960 dauerte. Einige Bauteile blieben erhalten und wurden aufbewahrt.

Und nun kommen auch die verfärbten Steine ins Spiel: „Man brachte die Steinreste auf das Gelände des späteren Kleingartenvereins Holzenkamp am Madamenweg und kippte sie hier ab. Sie wurden vergraben, man hat sich die Stelle aber dank Aufzeichnungen gemerkt", sagt der Gästeführer. Und als ein privater Investor das Schloss ab 2005 als Einkaufspassage wieder errichten ließ, rekonstruierte man nicht nur die Fassade zu großen Teilen, sondern auch die alten Bauteile wurden wiederverwendet. „Zu diesem Zweck wurden die Steine in den Kleingärten wieder ausgegraben und erneut verbaut", sagt Andreas Jäger und ergänzt: „Ich finde, das ist ein sehr schöner Gedanke."

In der Tat: Wenn Steine reden könnten! Was hätten diese alles zu erzählen!

Eva-Maria Bast

....

So geht's zu den schwarzen Steinen:

Sie befinden sich an der Fassade des Braunschweiger Schlosses. Dieses steht Am Ritterbrunnen 1.

Kannengießerstraße

Wo die Faule Mette entstanden ist

hr Name klingt nicht gerade schmeichelhaft. Und doch spielte die „Faule Mette" in der Geschichte der Stadt Braunschweig eine Rolle – wenn auch mehr eine symbolische als eine entscheidende. Wer mit Heiko Nerenz durch die Kannengießerstraße spaziert, erfährt viel über das mittelalterliche Riesengeschütz. Dass diese Straße auf eine jahrhundertealte Vergangenheit zurückblicken kann, ist aus ihrer heutigen Bebauung an keiner Stelle ersichtlich – eine Folge der schweren Luftangriffe von 1944. Allenfalls der Blick auf zwei schöne alte Kirchen in den angrenzenden Straßen, die Brüdernkirche und die Bartholomäuskirche, lassen eine historische Perspektive ahnen. Und natürlich der Straßenname, der darauf hinweist, dass hier seit dem Mittelalter Kannengießer mit ihren Werkstätten angesiedelt waren, und auch – und hier kommt die Faule Mette ins Spiel – die Geschütz- und Glockengießer. „Einer von ihnen namens Henning Bussenschutte, was nichts anderes als Büchsenschütze heißt, goss vermutlich 1411 das berühmte bronzene Riesengeschütz, das auch Faule Metze oder Faule Mettje genannt wurde", erklärt der Heimatkundler. Die Faule Mette sei bereits 1411 auf dem Braunschweiger Pfennig abgebildet worden, und dies lasse auf die Wertschätzung der Braunschweiger für diese Meisterleistung schließen. Doch alles, was heute noch von ihr übrig ist, ist eine Steinkugel im Keller des Städtischen Museums.

Woher der Name „Mette" kommt, ist nicht eindeutig geklärt. Emil Ferdinand Vogel schreibt in dem Band *Alterthümer der Stadt und des Landes Braunschweig* 1841: „Wir haben (…) gezeigt, daß eine Gattung der größesten Kanonen den allgemeinen Namen ‚Metze‘ (…) führte. Höchst wahrscheinlich ist der Gattungsname an einzelnen Orten, wo man nur ein Geschütz von so großem Kaliber hatte, auf dieses eine Geschütz selbst übertragen. Dafür spricht, daß man auch an andern Orten Kanonen hatte, welche den Namen Mette führten.

Es ist ein beeindruckendes Steingeschoss, das die Faule Mette einst abfeuerte.

(…) Auch in Dresden befand sich (…) eine Karthaune, welche ‚die faule Magd‘ hieß. (…) Der Name Metze soll aus Amazone verderbt sein."

Warum es nun eine „faule" Kanone war, kann Heiko Nerenz erläutern: „Da dieses Geschütz relativ unbeweglich war, konnte es nur auf Balken ruhen und nicht mit einer Lafette transportiert werden." Die Faule Mette war 2,90 Meter lang, 8228 Kilo schwer und hatte ein Kaliber von 76 Zentimetern. Nur die „Tolle Grete" aus Gent übertraf sie an Gewicht. Das Geschütz diente deshalb ausschließlich der Verteidigung der Stadt Braunschweig und hier in erster Linie der Abschreckung durch seine schiere Größe. „Insgesamt sollen im Laufe der Jahrhunderte nur 18 Schuss – nach anderer Überlieferung zwölf oder 14 – zu Kriegszeiten und als Salut abgegeben worden sein, so etwa 1717 zum 200-jährigen Reformationsjubiläum. Damals wurde mithilfe von 52 Pfund Pulver eine Kugel verschossen, die 730,5 Pfund wog und fast 2,5 Kilometer weit flog", weiß Nerenz. Andere Gelegenheiten zum Abschuss der rund 400 Kilo schweren Kugeln waren 1492 die Belagerung durch Herzog Heinrich den Älteren (1463-1514) oder 1550 die Belagerung durch Herzog Heinrich den Jüngeren (1489-1568). „Fragt man sich, was hat die faule Mette, während ihres fast vierhundertjährigen Bestehens genützt? so wird die Antwort nicht schwer fallen – Nichts! Vierzehn Mal ist sie im Ganzen losgeschossen; unter ihnen fünf Mal gegen den Feind, und zwar stets nur gegen die der Stadt feindlich gegenüberstehenden Landesherren, und von diesen

Heiko Nerenz unter dem Straßenschild Kannengießerstraße vor der Ostseite der Brüdernkirche.

fünf Schüssen hat kein Einziger dem Feinde im Geringsten Abbruch gethan", fasste Emil Ferdinand Vogel 1841 die Bilanz der Erfolge zusammen.

Als stoffliche Erinnerung ist eine der Kugeln aus Stein erhalten geblieben. Sie kann im Museum des Altstadtrathauses im Keller besichtigt werden, ganz in der Nähe des Martinikirchhofs, wo die Faule Mette in Friedenszeiten eingelagert war.

"Die Kanone selbst wurde 1787 einge-schmolzen", berichtet Heiko Nerenz vom Ende ihrer Geschichte. Ihre schiere Größe und die handwerkliche Kunstfertigkeit bei ihrer Herstellung haben, meint der Heimat-forscher, die Faule Mette zu einem Mythos werden lassen, wie auch andere historische

"Damals wurde mit Hilfe von 52 Pfund Pulver eine Kugel verschossen, die 730,5 Pfund wog und fast 2,5 Kilometer weit flog."

Namensgeschütze, so etwa während der beiden Weltkriege die "Dicke Bertha" oder im Zweiten Weltkrieg das Eisenbahngeschütz "Dora". So bleibt die in der Kannengießerstraße hergestellte "Faule Mette" bis heute untrennbar mit der Stadt Braunschweig und ihrer kriegerischen Geschichte verbunden.

Georg Ruppelt

So geht's zur Kannengießerstraße:

Die Kannengießerstraße führt von der Schützenstraße im nach Norden abknickenden Winkel an der Ostseite der Brüdernkirche vorbei zur Straße Hintern Brüdern. Eine Steinkugel der Faulen Mette ist zu sehen im Städtischen Museum im Altstadtrathaus, Altstadtmarkt 7. Der Eintritt ist frei.

Manuel Wenzel-Becker hat die gleiche Haltung eingenommen wie Till Eulenspiegel. Doch wenn er auch jede Menge Humor besitzt: Ganz so viel Schalk wie Eulenspiegel hat Mario Wenzel-Becker nicht im Nacken.

Eulenspiegel-Brunnen
Am Ende triumphiert der Schelm

Till Eulenspiegel wurde im Stich gelassen. Man erachtete den Brunnen, auf dem er thront, nicht für erhaltenswert – da ihn 1905 ein jüdischer Bankier, Bernhard Meyersfeld (1843-1920), gestiftet hatte. „Deshalb hat man ihn auch nicht, wie viele andere bedeutende Kunstwerke, in Sicherheit gebracht, als im Zweiten Weltkrieg die Bombenangriffe immer näherkamen", sagt Mario Wenzel-Becker. Doch am Ende hat Till Eulenspiegel triumphiert: „Bei dem Bombenangriff auf die Stadt in der Nacht vom 14. auf den 15. Oktober 1944 wurde die umliegende Bebauung, meistens Fachwerkhäuser, zerstört, der Brunnen blieb aber stehen", und das sei, erzählt der Gästeführer, ja durchaus der Figur entsprechend.

Doch um wen handelt es sich bei diesem bekannten Spaßvogel genau? Till Eulenspiegel kennt jeder, dass er ein Schelm war, weiß jedes Kind. Aber damit erschöpft sich das Wissen in den meisten Fällen auch schon. Man hat sich darum bemüht nachzuweisen, dass er eine historische Persönlichkeit ist, mit einem Geburtsjahr (1300), einem Geburtsort (Kneitlingen am Elm, östlich von Braunschweig) und namentlich bekannten Eltern (Claus Eulenspiegel und Ann Wibcken). Ungefähr 200 Jahre nach seinen überlieferten Lebzeiten kam in Straßburg ein Volksbuch heraus, das der Braunschweiger Hermann Bote (um 1450-1520) verfasst haben soll. Das Volksbuch war beliebt, es erlebte viele Bearbeitungen in unterschiedlichen Dialekten und ließ sich gut verkaufen. Denn sein Held hat es faustdick hinter den Ohren: Er führt die ihm gegebenen Aufträge wörtlich aus und schädigt seine Herren, ohne dass sie ihm etwas anhaben können. Es ist die Rache des mit Mutterwitz und schadenfroher Bosheit begabten wandernden Bauernknechts an den Bürgern der Städte.

„Am Bäckerklint 11 stand früher, bis sie 1944 vollkommen zerstört wurde, die Bäckerei, in der Till Eulenspiegel in Stellung gegangen sein soll."

Und so kam der berühmt gewordene Till eines Tages auch nach Braunschweig. In der Ausgabe der Deutschen Volksbücher von Karl Simrock sagt die 19. Historie „von Eulenspiegel, wie er sich zu Braunschweig bei einem Brotbäcker für einen Bäckerknecht verdingte, und wie er Eulen und Meerkatzen buk".

Der Platz, an dem der Eulenspiegel-Brunnen steht, ist übrigens sehr bewusst gewählt: „Am Bäckerklint 11 stand früher, bis sie 1944 vollkommen zerstört wurde, die Bäckerei, in der Till Eulenspiegel in Stellung gegangen sein soll", erzählt Mario Wenzel-Becker. „Er hatte behauptet, er sei Bäckergeselle und verstehe sein Handwerk. Ein paar Wochen soll das auch gutgegangen sein. Dann fragte er den Bäckermeister, was er backen solle, der fand die Frage aber offenbar albern und sagte: Was pflegt man zu backen? Eulen oder Meerkatzen?" Till Eulenspiegel münzte diese rhetorische Frage in einen Auftrag um – darin bestand ja seine List – er tat also so, als ob ihm das geheißen worden sei, buk Eulen und Meerkatzen und wurde mit Schimpf und Schande davongejagt. Seine Eulen und Meerkatzen konnte er gegen Bezahlung des Teigs allerdings mitnehmen und verkaufte sie gewinnbringend. „Und nun ist der Bäcker hinter ihm hergerannt und wollte das Geld für die Backwaren haben."

Diesem Kapitel aus dem alten Volksbuch zu Ehren hat der in Wolfenbüttel geborene Bildhauer Arnold Kramer (1863-1918) Till Eulenspiegel auf seinem Brunnen auch Eulen und Meerkatzen zur Gesellschaft beigegeben. Der Brunnen ist übrigens nicht das einzige Kunstwerk Kramers, dem man in Braunschweig begegnen kann: Von ihm stammt auch der Hockende Flötenspieler, seit 2013 in der Grünanlage am Hohetorwall, und der Entwurf des Eisernen Heinrich (siehe Geheimnis 04).

Auch eine Inschrift, durch die die frühere Achtlosigkeit der Braunschweiger gegenüber dem Kunstwerk wieder ausgeglichen wird, gibt es heute an dem Brunnen. Sie lautet: *Dem lustigen Gesellen Till Eulenspiegel dort errichtet, wo er die Eulen und Meerkatzen buk. Erdacht und gemacht von Arnold Kramer aus Wolfenbüttel. Wieder aufgestellt zum Braunschweiger Heimattag am 1. Oktober 1950 im Gedenken an den Stifter des Brunnens von 1905 Bernhard Meyersfeld.*

Der Till-Eulenspiegel-Brunnen hat eine bewegte Geschichte hinter sich.

Denn nach Kriegsende war der Brunnen zum „Schutz vor Diebstahl und zur Vereinfachung der Trümmerräumung in der Umgebung" dann doch entfernt worden. Schließlich aber konnte Till ein weiteres Mal an diesem Ort triumphieren, indem er samt seiner Eulen und Meerkatzen an den ursprünglichen Standort zurückkehrte.

Übrigens: Auch wenn dem Bäcker seinerzeit die Backwaren überhaupt nicht passten: Heute sieht man das in Braunschweig anders und es gibt durchaus Bäcker, die Eulen und Meerkatzen zum Verkauf anbieten – mit gutem Erfolg!

Eva-Maria Bast

....

So geht's zum Eulenspiegel-Brunnen:

Er steht unübersehbar auf dem Bäckerklint.

Walter Wimmer an der Mauer des Kleidersellerweges, an
dem die Faltenrandigen Schließmundschnecken leben.

Schnecken-Mauer

Sie begleitete schon Wilhelm Raabe

Auf den ersten Blick ist das Besondere an den Klostergut-
Mauern in Riddagshausen, dass der Weg, der an ihnen ent-
langführt, als „Kleiderseller-Weg" durch Wilhelm Raabe
und eine Gruppe von Künstlern und Kulturschaffenden, die
unter anderem die Gründung des Städtischen Museums gefördert
haben, in die Literaturgeschichte eingegangen ist. „Die ehrlichen Klei-
derseller zu Braunschweig" ist eine 1859 gegründete gesellschaftliche
Vereinigung, die entlang der Mauer einmal in der Woche zu ihrem

An der Mauer halten sich die kleinen Schnecken am liebsten auf.

Stammtischlokal „Zum Grünen Jäger" unterwegs war und deren vorrangiges Ziel darin bestand, Ausstellungsstücke für ein Heimatmuseum zu sammeln. Eines ihrer Mitglieder war Wilhelm Raabe, der mit „Pfisters Mühle" aus dem Jahr 1884 den ersten deutschsprachigen Umweltroman schrieb. Doch es gibt noch eine weitere Besonderheit, ein Geheimnis, das mit den aufgeschichteten Steinen zu tun hat. Um davon zu erfahren, muss man nicht mit den Kleiderseilern, sondern mit Walter Wimmer an der Mauer entlanglaufen und sich dabei über Schnecken unterhalten. Denn in diesen Mauern ist eine seltene Schneckenart – eine ohnehin geheimnisvolle Lebensform – seit über eineinhalb Jahrhunderten nachweisbar, was für Schneckenpopulationen nur selten möglich ist.

„Weichtiere sind mit 120.000 Arten der zweitgrößte Tierstamm nach den Arthropoden, den Gliederfüßern", erklärt der Leiter der Naturschutz- und Waldbehörde des Landkreises Helmstedt. Die Weichtierforschung, die Malakozoologie, gewinne angesichts der weltweiten Naturzerstörung eine immer größere Bedeutung, auch in Deutschland mit seinen rund 600 Molluskenarten. „Die 1868 gegründete Deutsche Malakologische Gesellschaft ist die älteste weichtierkundliche Fachgesellschaft der Welt, deren Mitglied auch der bedeutende Braunschweiger Schneckenforscher und -sammler Victor von Koch war", betont Wimmer dessen Bedeutung. Die Wiederentdeckung von Kochs Wirken wie die Erforschung der Schnecken in der Region ist Wimmer zu verdanken. Doch wie bei vielen Menschen, denen der Beruf zugleich Passion ist, wird man auch bei Wimmer, der in Braunschweig Biologie mit den Schwerpunkten Ökologie, Zoologie und Botanik studiert hat, kaum zwischen Arbeits- und Freizeit unterscheiden können. Einige Jahre hat er für den Naturschutzbund gearbeitet, für den er nach wie vor ehrenamtlich auf vielfältige Weise tätig ist.

Dass er den Naturschutzpreis der ehemals in Braunschweig ansässigen Brauerei Feldschlößchen und den Gemeinsampreis der Braunschweiger Zeitung erhalten hat, erwähnt Wimmer mit bescheidenem Stolz, als er die alte Klostergut-Mauer in Riddagshausen entlangspaziert und mit scharfem Blick und geschickter Hand jede Mauerspalte

untersucht, um Schnecken oder deren Hinterlassenschaft zu entdecken. Er wird schnell fündig und zieht aus einer Spalte im Gemäuer
das winzige Haus einer Schneckenart hervor, die schon von Victor von
Koch (1840-1915) hier gefunden wurde. „Hier haben wir ein naturhistorisches Relikt mit einem der schöns-
ten Schneckennamen, den es neben dem
Bierschnegel oder der Kleinen Vielfraß-
schnecke gibt: die Faltenrandige Schließmundschnecke", erklärt er. „Mitunter sind
die Fundortbeschreibungen von Victor
von Koch so präzise, dass sich die Angaben
auch nach mehr als 100 Jahren noch über-
prüfen lassen." Insbesondere bei seltenen

> *„Hier haben wir ein*
> *naturhistorisches Relikt*
> *mit einem der schönsten*
> *Schneckennamen, den es*
> *(…) gibt: die Faltenrandige*
> *Schließmundschnecke."*

oder heute gefährdeten Arten könne dies sehr interessant sein. „So
kommt die Faltenrandige Schließmundschnecke *Laciniaria plicata*
immer noch, wie von Koch beschrieben, an Mauern in Riddagshausen
vor, was nur ganz selten nachweisbar ist", sagt Wimmer und zeigt das
Tier mit dem spindelförmigen Gehäuse.

Dass Schnecken alles andere als langweilig sind, wird jeder bestäti-
gen, das einmal mit dem Schneckenentdecker in der Nacht an historischen und aktuellen Fundorten unterwegs war, denn viele Schnecken
sind nachtaktiv. Wimmer erklärt: „Schnecken sind für Kinder und
Erwachsene begreifbar! Durch ihre langsame Bewegungsweise und die
Schreckhaftigkeit der Tiere können menschliche Ängste beim Umgang
mit ihnen leicht abgebaut werden. Die erste Schnecke, etwa die Faltenrandige Schließmundschnecke, auf der Hand zu halten, das ist immer
ein tolles Erlebnis."

Georg Ruppelt

....

So geht's zur Schnecken-Mauer:

Auf der Straße „Klostergang" in Richtung Süden vorbei an der
Klosterkirche Riddagshausen bis zur Brücke über die Alte Mittelriede; vor
Betreten der Brücke links ab in den Kleidersellerweg entlang der Mauer.

123

Für Elke Frobese hat das Mauerstück eine große Bedeutung.

Bunkerrest

Durch Wassergassen aus den Flammen gerettet

E igentlich sieht das Mauerstück ganz schick aus. Groß, grau und gerade grenzt es ein Bekleidungsgeschäft von einer Bäckerei ab. Einen zweiten Blick würde man ihm aber kaum schenken, vielleicht nicht mal einen ersten. Wer Kleider kaufen will, geht schnurstracks links daran vorbei, wer Hunger hat, lenkt seine Schritte nach rechts. Elke Frobese allerdings bleibt oft vor diesem Mauerrest stehen, um ihn nachdenklich zu betrachten und an Zeiten zu denken, die zum Glück lange schon vergangen sind. Denn die Historikerin weiß: Dieses Mauerstück ist das Überbleibsel eines Bunkers, der den Braunschweigern im Zweiten Weltkrieg zum Schutz vor den Bomben der Alliierten diente. 1940 bis 1941 wurde er gebaut und bot Platz für 700 Menschen. „Er wurde 2008 abgerissen. Nur der Mauerrest blieb stehen. Er ließ sich einfach nicht entfernen", erzählt sie.

Ab 1940 errichtete man in Braunschweig Bunker, die Stadt galt als besonders gefährdet. Schließlich waren Wolfsburg als „Stadt des KdF-Wagens" und Salzgitter mit seiner großen Industrie ganz in der Nähe. Und die Gefährdung war nicht nur theoretisch gegeben: Zwischen dem 17. August 1940 und dem 10. April 1945 wurde Braunschweig über 40 Mal das Ziel von Bomben. Knapp 3.000 Menschen starben – viel zu viele – und doch in Relation zu den Angriffen relativ wenige, was daran liegt, dass es in Braunschweig zahlreiche rettende Luftschutzbunker gab: Oberbürgermeister Wilhelm Hesse (1901-1968) hatte den Bunkerbau ab Herbst 1940 veranlasst. Die Bunker sollten Schutz vor 300 Kilo schweren Bomben bieten und gasdicht sein. 22 dieser Bunker wurden gebaut – zum großen Teil von Kriegsgefangenen, die bei Gefahr den schützenden Raum selbst nicht aufsuchen durften. Außerdem zwei Bunker (von zehn geplanten), denen auch 1.000-Kilo-Bomben nichts anhaben konnten.

Doch als die Angriffe Anfang 1944 stärker wurden, mussten teilweise fünfmal so viele Menschen in den Bunker flüchten wie geplant. Besonders schlimm traf es Braunschweig am 15. Oktober: Die Innenstadt stand in Flammen, die Menschen, die in den Bunkern Schutz gesucht hatten, waren im Flammenmeer eingeschlossen. Der Sauerstoff wurde knapp. Die Belüftungen zu öffnen, wäre nicht ungefährlich gewesen, denn dann hätten die giftigen Rauchgase, die durch das Feuer entstanden, ins Innere dringen können. Sechs Stunden harrten die Menschen in den Schutzräumen aus. Hier an diesem Bunker gelang es der Feuerwehr, sie zu retten, indem sie Wassergassen schuf, um die Menschen vor der durch die Flammen entstandenen Hitze und den Gasen zu schützen. Das intensive Bilden von Wassergassen durch die Feuerwehr hat auch einige Häuser gerettet. Elke Frobese sagt: „80 von 2.000 Fachwerkhäusern konnten das Inferno so überstehen."

Eva-Maria Bast

....

So geht's zum Bunkerrest:

Er steht im „Sack" zwischen den Hausnummern 1 und 2.

Besenmännchen

Süßer Knabe mit ideologischem Auftrag

E s steht auf einem Platz, der nicht gerade zu den touristischen Zielen von Braunschweig gehört: das Besenmännchen in der Mauernstraße, einer der ältesten Braunschweiger Straßen. Das „Besenmännchen" war eine ursprünglich 1938 von dem Bildhauer Jakob Hofmann (1876-1955) geschaffene, etwa lebensgroße Bronzeplastik eines kleinen, nackten Jungen mit lockigem Haar, der die Straße mit einem Reisigbesen kehrt. Heute finden wir hier seine Replik, das Original existiert nicht mehr.

Jörg Porsiel erzählt die Geschichte des Besenmännchens, das ursprünglich Teil des „Besenmännchen-Brunnens" war. Diese nette, „niedliche" Figur sei in der Zeit des Nationalsozialismus entstanden und habe tatsächlich auch einen ideologischen Hintergrund. „Das wird kaum jemand vermuten, der etwa die Blut-und-Boden-Kunst der Nationalsozialisten kennt, für die besonders der Bildhauer Arno Breker mit seinen monumentalen Skulpturen steht", erklärt der Heimatforscher.

Kurz vor Ausbruch des Zweiten Weltkrieges wurde der Brunnen 1939 auf einem neuen Kinderspielplatz an der Weber- / Langestraße eingeweiht. Der Besenmännchen-Brunnen galt als Symbol der Braunschweiger Altstadtsanierung, die von 1933 bis 1939 im Bereich der „Neustadt" vonstattengegangen war. „Diese Altstadtsanierung", so der Übersetzer und Heimatforscher Jörg Porsiel, „wurde offiziell aus hygienisch-gesundheitlichen Gründen umgesetzt." Doch die Gründe für die Sanierung seien vor allem sozial- und staatspolitischer Art gewesen. „Die gewachsene Bevölkerungsstruktur der Neustadt umfasste eher ärmere Bevölkerungsgruppen sowie Handwerker, die mehrheitlich nicht zur Wählerklientel der NSDAP gehörten, darunter viele KPD- und SPD-Wähler", erklärt

> *„Das kehrende Besenmännchen war sozusagen die kindchenschematische Variante der nationalsozialistischen Ideologie."*

Jörg Porsiel kennt den Hintergrund des „niedlichen" Besenmännchens.

Porsiel. So habe die Altstadtsanierung als Mittel zur „Gesundung der Volksgemeinschaft" und der „Rassenhygiene" gedient. „Das kehrende Besenmännchen war sozusagen die kindchenschematische Variante der nationalsozialistischen Ideologie."

Das Besenmännchen war während des Zweiten Weltkriegs im Keller der Villa „Salve Hospes" gesichert, anschließend stand es bei einem Kindergarten in der Hugo-Luther-Straße. Ein Langfinger machte sich daran zu schaffen: Die Skulptur wurde 1953 gestohlen. 1954 wurde ein neues Besenmännchen für die Braunschweiger Baugenossenschaft geschaffen. Die Figur wurde 1987 aufgrund zahlreicher Beschädigungen erneuert.

Die Replik des in den 1930er-Jahren geschaffenen Besenmännchens.

Georg Ruppelt

....

So geht's zum Besenmännchen:

Das Besenmännchen steht in der Mauernstraße 33 vor der Braunschweiger Baugenossenschaft auf einer Rasenfläche.

Andreas Jäger steht mitten in einem Gotteshaus.
Gewissermaßen.

Grundriss

Erinnerung an ein Gotteshaus

Am Kohlmarkt kann man wunderbar sitzen und schauen. Man kann versonnen die vielen Menschen beobachten, die über den großen Platz strömen: hektisch, telefonierend, händchenhaltend, gemütlich schlendernd. Sie alle schenken dem Grundriss aus großen Steinen, der ins Straßenpflaster eingelassen ist, keinen Blick. Die Steine sind größer, haben sogar eine andere Farbe als ihre Umgebung und eine andere Ausrichtung. Doch aufmerksam wird kaum einer darauf. „Dabei gehen all diese Menschen eigentlich mitten durch einen Kirchenraum", merkt Gästeführer und Schauspieler Andreas Jäger an. „Hier stand bis ins Jahr 1544 die Ulricikirche. Die Aufpflasterungen auf dem Platz bilden ihren Grundriss ab und sollen an das nicht mehr vorhandene Gebäude erinnern."

Die Kirche, deren Umriss auf dem Platz zu sehen ist, wurde um 1036 vermutlich von Bischof Godehard (960-1038) von Hildesheim geweiht, allerdings erst im Jahr 1288 urkundlich erwähnt. Grabungen, die in den 1970er-Jahren erfolgten, zeigten, dass das Gotteshaus nicht das erste an diesem Ort gewesen, sondern auf den Fundamenten eines Vorgängerbaus errichtet worden war. „Das war eine Saalkirche, 5,60 Meter breit und 7,50 Meter lang", sagt Jäger.

Der dreischiffige Nachfolgebau mit gotischen Fenstern und zwei Türmen habe eine große Bedeutung für die Bürger gehabt, denn „die Ulricikirche war die Pfarrkirche für den Sack und noch andere Gebiete in der Altstadt". Doch sonderlich fachgerecht repariert und saniert wurde sie nicht, sodass sie Mitte des 16. Jahrhunderts teilweise einstürzte. „Deshalb beschloss der Rat im Jahr 1544, die gesamte Kirche abreißen zu lassen. Dadurch wurde der Kohlmarkt vergrößert", erklärt Andreas Jäger. Von der Ausstattung der Ulrici-Kirche sei noch etwas erhalten: „Das Taufbecken aus der Ulricikirche befindet sich heute in der Brüdern-Kirche." Bei den Grabungen in den 1970er-Jahren habe man auch 176 Grabstellen gefunden, was zeige, dass sich um die Kirche herum ein Gottesacker befand.

„Der Platz, an dem die Kirche stand, sah vor ein paar Jahrzehnten aber anders aus als heute", sagt Andreas Jäger. „Früher war die Stelle hier abgesenkt, es gab Stufen, auf denen man sitzen und das, was man bei den Grabungen gefunden hat, in Vitrinen betrachten konnte." Das habe den Nachteil gehabt, dass der Platz nicht als Fläche nutzbar war. „Man konnte kein Zelt aufstellen, was für Feste ungünstig war", erklärt der Schauspieler. Deshalb wurde der Platz vom Niveau her angeglichen. Was dazu führt, dass die Stelle nicht mehr so auffällig ist. Da kann es schon passieren, dass man aus Versehen durch ein Gotteshaus geht. Einfach so.

Eva-Maria Bast

....

So geht's zum Grundriss:

Er erstreckt sich auf dem Kohlmarkt.

Dr. Silke Wagener-Fimpel am Sarkophag der britischen Königin Caroline.

36

Sarkophag

Britische Königin in Braunschweig

W ie kommt es, dass im Braunschweiger Dom eine britische Königin begraben liegt? Die Antwort auf diese Frage ist nicht nur eine lange Geschichte, sondern in weiten Teilen auch eine dramatische. Archivoberrätin Dr. Silke Wagener-Fimpel steht in der Gruft des welfischen Herzoghauses vor einem im Vergleich zu den anderen Sarkophagen zwar

131

kleinen, aber farbenfrohen Sarg. Er ist mit rotem Samt bezogen, der mit zahlreichen Stickereien und einer Krone geschmückt ist. Etwa in Brusthöhe des Leichnams befindet sich eine silberne Platte mit einer lateinischen Aufschrift, deren Anfang übersetzt in etwa lautet: „Hier ruht die durchlauchtigste Prinzessin Caroline Amalie Elisabeth, von Gottes Gnaden Königin, Gemahlin des sehr erhabenen und mächtigen Monarchen Georg IV." Wie die Inschrift ausweist, ruht hier also eine englische Königin, auch wenn sie die ihr zustehende Krone nie tragen durfte. „Caroline hatte sich selbst eine andere Inschrift gewünscht: Hier ruht Caroline von Braunschweig, die gekränkte Königin von England", erklärt die Historikerin. Welch ein Drama, das sich hier in der Tiefe dieses hohen Gotteshauses andeutet!

Silke Wagener-Fimpel kennt die traurige Lebensgeschichte dieser Fast-Königin, die gewisse Ähnlichkeiten mit dem die Welt zutiefst berührenden Schicksal von „Lady Di" in der jüngeren Vergangenheit aufweist.

„Caroline, die 1768 geborene zweite Tochter des braunschweigischen Herzogs Karl Wilhelm Ferdinand, war offenbar eine sehr intelligente, eigenwillige und lebensbejahende Person", beginnt die Archivarin zu erzählen. Der Comte

Die lateinische Inschrift auf der silbernen Platte.

Mirabeau beschrieb sie nach einem Treffen als „höchst liebenswert, lebhaft, verspielt, witzig und hübsch". 1795 wurde sie mit ihrem Vetter verheiratet, dem englischen Thronfolger und späteren König George IV. (1762-1830). „Von Anfang an stand die Ehe unter keinem guten Stern. Der Prinz von Wales, der nur auf väterlichen Druck zu dieser Ehe bereit gewesen und heimlich an eine andere Frau gebunden war, zeigte von Anfang an seine Abneigung gegenüber Caroline", fährt Silke Wagener-Fimpel fort. „Mein Vater war ein Held, soll Caroline geäußert haben, mein Mann ist eine Null."

Nach der Geburt ihrer gemeinsamen Tochter Charlotte Augusta (1796-1817) ging das Paar getrennte Wege. Caroline lebte fortan in einem Londoner Vorort, wo sie sich von den Fesseln des höfischen Protokolls befreite und nach eigenen Vorstellungen handelte. Vergeblich versuchte George die Scheidung zu erreichen, indem er Caroline Ehebruch unterstellte. So gab es allerlei Gerüchte um einen kleinen Jungen aus armen Verhältnissen, den sie adoptiert hatte, nachdem ihr ein enger Kontakt mit der eigenen Tochter verwehrt worden war. Bewiesen werden konnte allerdings nicht, dass er nicht ihr Adoptivsohn, sondern ihr leibliches Kind war.

„Caroline hatte sich selbst eine andere Inschrift gewünscht: Hier ruht Caroline von Braunschweig, die gekränkte Königin von England.“

Als George anstelle seines erkrankten Vaters George III. (1738-1820) die Regentschaft übernahm, zog Caroline es vor, das Land zu verlassen und auf Reisen zu gehen. Sie lebte einige Zeit in Italien und lernte bei einer mehrmonatigen Reise um das Mittelmeer den Orient kennen. „Erst als George IV. 1820 nach dem Tod seines Vaters den Thron bestieg, kehrte Caroline nach England zurück, um ihre Rechte als Königin einzufordern“, erzählt Wagener-Fimpel weiter. Der aufgebrachte König setzte erneut ein Verfahren gegen sie in Gang, bei dem ihr Ehebruch mit ihrem italienischen Kammerherrn vorgeworfen wurde. Obwohl Caroline auch dieses Mal rehabilitiert aus dem Verfahren hervorging, verweigerte George IV., der bei seinem Volk geradezu verhasst war, ihr am Krönungstag den Zutritt zur Westminster Abbey.

Nur kurze Zeit später starb sie im Alter von 53 Jahren und wurde auf ihren ausdrücklichen Wunsch in Braunschweig beigesetzt.

Georg Ruppelt

So geht's zum Sarkophag:

Am Haupteingang des Braunschweiger Doms vom Domplatz her zum Empfang gehen und dort um Einlass in die Gruft bitten.

37

Die Eimer im Wappen erinnern an den Mann, der das Gebäude errichten ließ.

Eimer

Eine mittelalterliche Bücherei

Das Wappen mit den Eimern sitzt ein bisschen schief und genau deshalb ist es so auffällig. Die Historikerin Elke Frobese kennt nicht nur die Bedeutung der Eimer im Wappen, sie weiß auch, dass sie an einem sehr wichtigen Gebäude angebracht sind. Und wie beide – Eimer und Gebäude – miteinander verbunden sind. „Das ist das Wappen des Johann Ember, das hier neben dem herzoglichen und dem städtischen Wappen zu sehen ist", erzählt sie. „Ember war Pastor und hatte eine große Sammlung an religiösen Schriften." Für eben diese Schriften habe er zwischen 1412

und 1422 die kleine, 5,50 mal 5,14 Meter messende gotische Backstein-
bibliothek, „Liberei" genannt, bauen lassen. Es handelte sich um das
älteste freistehende Bibliotheksgebäude nördlich der Alpen und das
südlichste Backsteingebäude Deutschlands.

Die ersten Anfänge der Bibliothek reichen aber noch weiter in die
Vergangenheit zurück, bis ins Jahr 1309: Der Pfarrer der Andreaskirche, Magister Jordanus, war aus
dem Leben geschieden und hatte der Kirche „auf
ewige Zeiten" 18 Handschriften vermacht. Diese
Sammlung war für die Kirche derart bedeutsam,
dass Jordanus' Nachfolger dem Patronat der Andreaskirche schriftlich versichern mussten, die
Stücke pfleglich zu behandeln, sie nicht zu verkaufen und dafür zu sorgen, dass sie unversehrt bleiben. Einer dieser Nachfolger war Johann Ember
(1365-1423), der um 1399 als Pfarrer an die Andreaskirche kam und erklärte, er „habe zugeeignet
und gegeben meiner vorgenannten Kirche zu
Gebrauch des Pfarrers und seiner Kapläne einige
Bücher (die) in einem Haus (ver)bleiben sollen,
das man noch bauen soll zu ewiger Überdaue-
rung". Er erklärte, den Bau selbst bezahlen und
den Bibliotheksbestand erweitern zu wollen. „Nur
eine Beteiligung an den Baukosten von zehn Mark
durch die Kirchenältesten hat er sich ausbedun-
gen", schildert Elke Frobese seine Bedingungen.

Elke Frobese hat eine der Ketten in der Liberei in der Hand.

„Auf Ember sind auch die Ketten zurückzuführen, die heute noch im
Vorraum der Liberei als Nachbau zu sehen sind." Der Pfarrer bestimmte
nämlich, dass die Handschriften dieserart gesichert werden sollen.
„Ember wollte, dass die Bücher nicht nur dem Klerus, sondern auch
‚allen sonstigen ehrwürdigen Personen' zugänglich sein sollen. Die
Bücher konnten aber nicht entliehen, sondern nur vor Ort eingesehen
werden", konkretisiert Elke Frobese das Vorhaben des Pfarrers. Er
selbst genehmigte sich allerdings das Ausleihen der Werke – jedoch
immer nur zwei auf einmal und nur, wenn er die Kirchenvorstände
zuvor davon in Kenntnis gesetzt hatte.

Im Jahr 1413 war der Bau vermutlich fertiggestellt, allerdings nur der Rohbau. Bis zur Eröffnung der Bibliothek sollte es noch neun Jahre dauern. In der Zwischenzeit tobte in Braunschweig der „Pfaffenkrieg" (1413-1420) zwischen dem Blasiusstift und dem Gemeinen Rat der Stadt. Wobei das Wort „Krieg" falsche Assoziationen weckt: Waffen kamen nicht zum Einsatz, stattdessen belegten sich die Beteiligten gegenseitig mit einem Bann. Grund für den Streit war die Neubesetzung der Pfarrstelle an der Kirche St. Ulrici (siehe Geheimnis 35) sowie eine Auseinandersetzung um zwei Lateinschulen, die eingerichtet werden sollten. Kirchen

„Die Liberei wurde geschlossen, niemand kümmerte sich mehr wirklich darum und sie verfiel zusehends."

wurden geschlossen, unter anderem auch die Andreaskirche, die sich unmittelbar neben der Liberei befindet. Da auch gegen Johann Ember ein Bann ausgesprochen wurde, musste der Pfarrer 1413 aus Braunschweig fliehen. Erst nach 1420 konnte er wieder zurückkehren. Aber als er wieder da war, setzte er sein so wichtiges Werk fort. „Eigentlich gründete er so etwas wie eine öffentliche Bücherei", sagt Elke Frobese, die schräg gegenüber von der Liberei aufgewachsen ist und von dem gotischen Backsteingebäude schon als Kind fasziniert war. „In der Folge wuchs die Bibliothek immer weiter an", erzählt die Historikerin. Der Stadtschreiber Gerwin von Hameln (1415-1496) hinterließ für „myne liberie to sunte Andrease (...) als ewigen Besitz" 336 Bücher und Handschriften. „Diese Sammlung war ganz außerordentlich", sagt Elke Frobese. Gerwin von Hameln bestimmte jedoch auch, dass Verwandte die Bücher ausleihen dürfen. In den Folgejahren ging es mit der Bibliothek bergab: Die Erben des Gerwin von Hameln stritten erbittert mit der Stadt um den Besitz, es kam zu Diebstählen und einer großen Vernachlässigung der Bände. Der Reformator Johannes Bugenhagen (1485-1558) erklärt: „Die liberey bei St. Andres sol man nit verfallen lassen, sondern lieber mit der Zeit, was gute buecher sind, mehr darzu verschaffen, sonderlich solche, die nit yedermann zue bezalen hat (…). Dise liberey mit irer zuegehoer sol allen schatzkestenherren in allen pfarren bevolhen sein." Die Streitigkeiten mit den Erben dauerten an und endeten damit, dass der Familie das Patronatsrecht entzogen wurde. „Die

Liberei wurde geschlossen, niemand kümmerte sich mehr wirklich darum und sie verfiel zusehends."

1753 bestimmte Herzog Karl I. von Braunschweig-Wolfenbüttel (1713-1780), dass alle Kirchenbibliotheken der Stadt Braunschweig aufgelöst und die Bestände in die Bibliothek des Geistlichen Ministeriums bei der Brüdernkirche überführt werden müssen. Das war das Ende der Liberei, die einer Zukunft als Waschhaus, Pfarrwitwensitz, Registratur der Andreaskirche und Gartengeräteschuppen entgegensah. Im Zweiten Weltkrieg wurde die Liberei schwer beschädigt, nach dem Krieg aber, etwas schlichter, wiederaufgebaut. Auch der Innenraum wurde – samt Ketten – wieder gestaltet. Heute sind noch 137 Bände der Sammlung erhalten, sie stehen größtenteils in der Stadtbibliothek Braunschweig und der Herzog August Bibliothek in Wolfenbüttel.

Malerisch: die Liberei.

Elke Frobese geht gerne an der Liberei vorbei. Denn: „Sie ist für mich ein ganz wichtiger Ort. Ein Ort, an dem öffentliche Bildung schon sehr früh gelebt wurde. Darauf können wir Braunschweiger schon ein bisschen stolz sein."

Eva-Maria Bast

....
So geht's zu den Eimern:

Die Liberei mit dem Eimer-Wappen steht in der Reichsstraße, direkt neben der Andreaskirche.

38

Friedhofstor

Letzte Ruhe an der Hauptverkehrsader

E s ist ein unscheinbares schmiedeeisernes Tor am Wendenring. Mehrere Straßenbahnlinien und Tausende von Auto-
fahrern kommen täglich daran vorbei, Radler und Fußgänger passieren es zu Hunderten. Doch alles, was sie sehen
können, sind das verschlossene Tor und ein paar Bäume und Sträucher
über ihnen. Was sich wohl dahinter verbirgt?

„Mittendrin in den Hauptverkehrsadern Braunschweigs liegt ein
1802 angelegter historischer Friedhof, der seit 1868 zur evangelisch-
lutherischen Andreasgemeinde gehörte", erklärt Geschichtskenner
Jörg Porsiel. Weil der Gottesacker fast 2,50 Meter über der Straßen-
ebene liegt und von einer Mauer mit Zaun eingefasst ist, ist er für
Außenstehende so gut wie unsichtbar. Doch wer durch die Streben des
zweiflügeligen Tors hindurchblickt, fühlt sich in eine andere Zeit ver-
setzt. Der erste Eindruck ist für den, der in den Friedhof hineinblickt,
überwältigend. Die Natur hat über die von Menschenhand geschaffene
Kulturstätte gesiegt. Sie überwuchert umgestürzte Grabmale, Sonnen-
schein wirft helle Flecken in die sonst dunkle Umgebung. Wie mag es
hier wohl bei Regen und im Dunklen aussehen? Es ist erstaunlich still
– kaum ist die nahe, laute Straße zu vernehmen.

Porsiel hat sich intensiv mit dem Friedhof beschäftigt: „Die Angehörigen der Andreaskirche, der Pfarrkirche der Neustadt, wurden
ursprünglich direkt an der Andreaskirche beerdigt. Anstelle dieses
Friedhofs entstand der Platz An der Andreaskirche", erzählt der
geschichtskundige Braunschweiger und fährt fort: „Denn als die mittelalterlichen Kirchen Braunschweigs im 17. und 18. Jahrhundert aus
hygienischen Gründen damit begannen, ihre Friedhöfe aus dem Stadt-
inneren vor die Stadttore zu verlagern, legte auch die Andreaskirche
einen neuen Friedhof vor dem Neustadttor an, bis sie schließlich im
19. Jahrhundert mit dem schon seit 1802 vorhandenen Friedhof der
Katharinenkirche zusammengelegt wurde."

*Jörg Porsiel weiß, was sich hinter dem verschlossenen
Tor verbirgt.*

139

Viel Verkehr – und hohe Bäume hinter einer alten Mauer.

Mit der Einweihung des Braunschweiger Zentralfriedhofs, des heutigen Hauptfriedhofs, im Jahr 1887, habe man die alten dezentralen Friedhöfe nicht mehr benötigt und nach und nach geschlossen. „Auch der Andreasfriedhof wurde nicht mehr weiter belegt und später entwidmet. Nachdem die Ruherechte auf dem Andreasfriedhof im 20. Jahrhundert erloschen waren, blieb die Anlage ungenutzt. Am 14. September 1977 wurden die Gebeine und der Grabstein Johann Joachim Eschenburgs vom Andreasfriedhof auf den Magni-friedhof an der Ottmerstraße verlegt", erläutert Porsiel die weitere Geschichte der zur Andreasgemeinde gehörigen Begräbnisstätte.

„Aufrecht stehen geblieben ist im Friedhof außer dem Rest einer Stele zur Erinnerung an einen verstorbenen Freimaurer mit klassischen, aufklärerischen Texten und Verneigung vor etwas Höchstem nur ein Metallkreuz mit dem Namen eines prominenten Braunschweiger Unternehmers", erklärt Porsiel. Das Kreuz bezeichne die letzte Ruhestätte von Ludwig Otto Bleibtreu (1752-1820). „1781 war Bleibtreu der Gründer der nach ihm benannten Zichorienfabrik, die bis 1909 existierte", erläutert Porsiel dessen Bedeutung. Seit dem 17. Jahrhundert suchte man nach Ersatz für die teuren Kaffeebohnen aus anderen Erdteilen. Eine dieser Ersatzpflanzen war die Gemeine Wegwarte (Cichorium intybus).

Der geschichtskundige Braunschweiger kennt nicht nur die Lebensgeschichte dieses findigen Unternehmers, sondern auch die anderer verdienstvoller und von den Geschichtswissenschaften als der Erinnerung für wert gehaltener Menschen, die hier ihre letzte – oder vorletzte – Ruhestätte fanden.

Georg Ruppelt

So geht's zum Friedhofstor:

Das Tor zum Andreasfriedhof liegt an der Hamburger Straße, etwa 100 Schritte vor der Kreuzung Wendenring.

Manfred Gruner versucht zu kratzen wie ein Löwe.

Wetzrillen

Heinrichs treuer Freund

„Hier hat ein Löwe seine Tatzen reingehauen", erzählt Manfred Gruner mit einem breiten Grinsen und einem kräftigen Augenzwinkern. Denn ein Löwe ist natürlich nicht wirklich schuld daran, dass sich am Portal der Nordosttür des Braunschweiger Doms merkwürdige lange und sehr tiefe Rillen befinden. „Aber das erzählt man sich in Braunschweig!", beharrt der ehemalige Stadtheimatpfleger und beginnt die Legende zu erzählen, die sich um den Pilgerzug Heinrichs des Löwen (um 1129/1130 oder 1133/35 -1195) ins Heilige Land spinnt. Seiner Frau Mathilde von England (um 1156 -1189) soll er vor seiner Abreise gesagt haben, dass sie, sollte er nicht wiederkehren, nach sieben Jahren erneut heiraten dürfe. „Er zerteilte seinen Ehering und gab ihr die eine Hälfte, damit sie ihn wiedererkennen würde, wenn er nach vielen Jahren erst zurückkehre", berichtet Gruner über diesen Teil der Reisevorbereitungen.

Seine Reise führte den König auch nach Byzanz, wo er zahlreiche Geschenke bekommen habe. Variante 1 der Legende will, es seien ihm hier zwei Leoparden geschenkt worden, die er nach Braunschweig mitbrachte, wo man sie für Löwen hielt. Variante 2 ist etwas dramatischer: „Danach geriet er auf dem Mittelmeer in einen schlimmen Sturm, die Ruder brachen, die Segel zerfetzten", erzählt Gruner. „Fast die gesamte Schiffsmannschaft war schon gestorben. Nur noch der engste Vasall des Herzogs und Heinrich selbst waren am Leben. Da kamen sie auf eine rettende Idee: Heinrich ließ sich von dem treuen Diener in eine Ochsenhaut einnähen. Ein riesiger Greif entdeckte den Leckerbissen auf dem Schiff und entführte ihn in seinen Horst. Heinrich konnte sich aber befreien. Nun sei er auf einen Löwen getroffen, der mit einem Drachen kämpfte. Heinrich half dem Löwen. Und der war seinem mutigen Retter so dankbar, dass er nicht mehr von ihm wegging." Heinrich aber wollte schnell nach Hause, so die Legende, denn die sieben Jahre seien schon fast um gewesen. Er machte sich auf einem Floß in einer Nacht- und Nebelaktion ohne den Löwen auf den Heimweg. Das bemerkte der Löwe und brüllte so erbärmlich, dass Heinrich wieder ans Ufer ruderte und den Löwen mitnahm. Die Reise dauerte sehr lange.

„Nun kam der Teufel und flüsterte ihm zu, er werde es nicht mehr rechtzeitig schaffen, seine Gemahlin bereite schon ihre zweite Hochzeit vor." Der Teufel habe Heinrich vorgeschlagen, ihn durch die Lüfte nach Braunschweig zu tragen. „Aber der Teufel macht so etwas ja nicht umsonst", gibt Manfred Gruner zu bedenken, „er forderte, Heinrich müsse ihm seine Seele verschreiben." Als Heinrich das ablehnte, habe der Teufel einen neuen Vorschlag gemacht: Er werde zuerst Heinrich nach Braunschweig bringen, dann den Löwen. Treffe er Heinrich schlafend an, wenn er mit dem Löwen nach Braunschweig kommt, habe Heinrich seine Seele dem Teufel zu geben.

„Heinrich ließ sich darauf ein. Und tatsächlich schlief er, als der Teufel mit dem Löwen kam. Der Löwe sah ihn aus den Lüften und dachte, Heinrich sei tot. Da brüllte das treue Tier vor Entsetzen, wodurch Heinrich erwachte. So kam es, dass er den Teufel nicht schlafend empfing und der Teufel leer ausging." Heinrich kehrte nun in Begleitung des Löwen zu seiner Gattin zurück, denn der Teufel hatte ihn nicht direkt auf der Burg, sondern auf dem Giersberg abgesetzt. Hier trafen sie gerade noch rechtzeitig vor Mathildes zweiter Hochzeit ein, die natürlich sofort abgesagt wurde.

Der Herzog und der Löwe blieben treue Freunde. Und als Heinrich 1195 starb, begehrte das Tier Einlass in die Kirche, um am Sarg seines toten Freundes zu wachen. „Doch die Stiftskirche war noch nicht fertig und man ließ das Tier nicht hinein", sagt der Braunschweiger bedauernd, ist jetzt jedoch an dem Punkt der Legende angelangt, dessentwegen er sie erzählt: „Voller Verzweiflung soll der Löwe sich auf die Hinterbeine gestellt und so lange an den Mauern, die sich links und rechts des Eingangs befinden, gekratzt haben, bis er vor Erschöpfung an Ort und Stelle niederfiel und sein Leben aushauchte."

Zum Entstehen der Wetzrillen gibt es viele Deutungen. Die am häufigsten kolportierte – ein Löwe habe sie mit seinen Tatzen eingehauen – stimmt mit Sicherheit nicht.

So weit also die Legende. Und der wahre Kern? Heinrich machte sich tatsächlich am 13. Januar 1172 mit einem rund 1.500 Mann starken Heer auf den Weg nach Jerusalem. Und er wurde auch wirklich in Konstantinopel (Byzanz) reich beschenkt, allerdings waren es weniger Leoparden als mehr Seidenstoffe, die man ihm überreichte. Die Reise dauerte auch keine sieben Jahre – er kehrte bereits im Januar 1173, also nach einem Jahr, nach

Braunschweig zurück. Und die Rillen am Eingang des Doms? Wie sind sie wirklich entstanden?

Wetzrillen wie diese finden sich in zahlreichen deutschen Städten – vornehmlich an den Portalen öffentlicher (nicht immer sakraler) Gebäude. Die Deutungen sind unterschiedlich. Die Variante, Soldaten hätten ihre Schwerter vor dem Besuch des Gotteshauses stumpf gemacht, um ihre friedliche Absicht zu bekunden, gibt es ebenso wie jene, sie hätten sie, bevor sie ins Feld zogen, durch das Reiben an den Heiligen Mauern gesegnet. Manfred Gruner sieht beide Varianten in einem ähnlich sagenhaften Bereich wie die Geschichte vom Löwen und dem Teufel: „Man durfte mit einem Schwert nicht einfach in die Kirche gehen. Man hätte es eigentlich draußen ablegen müssen. Das hätte ein Soldat aber nie gemacht, dazu war das Schwert viel zu wertvoll." Auch die Variante, dass die Soldaten ihre Schwerter gesegnet hätten, glaubt er nicht: „Dann müssten die Einkerbungen viel schärfer und spitzer sein und nicht so rund."

> *„Also ganz gesichert ist es nicht, aber für mich ist es eine ganz klare Kiste. Auch die Stelle, an der gekratzt wurde, macht in diesem Zusammenhang Sinn: Möglichst nah am Altar, dort befand sich einst auch eine Blasius-Reliquie. Man ging davon aus, je näher man an der Reliquie ist, desto größer ist auch die Kraft des heiligen Blasius."*

Es gibt auch die Vermutung, die Wetzrillen seien beim Funkenschlagen entstanden, wenn die Menschen von Veranstaltungen im Dunkeln nach Hause gingen und ihre Lampen entzündeten. Das ist die These des Bayreuthers Georg Steffel, der sich akribisch mit Wetzrillen auseinandergesetzt hat, Theorien aufgriff und hinterfragte und schließlich schrieb: „Es muss einen konkreten Grund geben, weshalb die Rillen in der Nähe von Türen und Toren entstanden sind." Und noch dazu eben an Gebäuden, in denen viele Menschen zusammentrafen. „In allen Fällen wird das Bedürfnis bestanden haben, beim Verlassen der Gebäude nach Eintritt der Dunkelheit Licht zu machen, eine Laterne zu entzünden oder etwa eine Tabakspfeife in Brand zu setzen." Übrigens: Steffel hat selbst ausprobiert, ob sich an Sandstein

Feuer schlagen lässt, und dabei keine Mühe gescheut. Er schreibt: „Es bleibt festzustellen, dass es möglich ist, ohne besonderen Aufwand und mit Regelmäßigkeit Feuer aus Sandstein zu entfachen. Quod erat demonstrandum." Zu Deutsch: Was zu beweisen war.

Und dann gibt es noch die Deutung, Kranke hätten das Steinmehl abgeschabt, da es im Mittelalter als Medizin galt. Letztere Deutung gilt für Braunschweig als am wahrscheinlichsten, da der Dom dem Heiligen Blasius von Sebaste geweiht war – einem der vierzehn Nothelfer und Schutzpatron der Ärzte, Maurer, Gipser, Gerber und weiteren. Seine Heilkräfte sollten nicht nur bei Hals- und Zahnschmerzen, sondern sogar bei der Pest helfen, was die Medizinthese stützt. „Also ganz gesichert ist es nicht, aber für mich ist es eine ganz klare Kiste. Auch die Stelle, an der gekratzt wurde, macht in diesem Zusammenhang Sinn: Möglichst nah am Altar, dort befand sich einst auch eine Blasius-Reliquie. Man ging davon aus, je näher man an der Reliquie ist, desto größer ist auch die Kraft des heiligen Blasius", ist der ehemalige Stadtheimatpfleger überzeugt. „Man muss nur kräftig dran glauben, dann funktioniert der Placebo-Effekt", sagt Manfred Gruner augenzwinkernd.

Das gilt auch für die Legende. Wenn man ganz fest die Augen schließt und sich ins Reich der Sagen begibt, sieht man wirklich Löwen auf den Hinterbeinen stehen und ebenso verzweifelt wie vergeblich am Eingang kratzen.

Eva-Maria Bast

....

So geht's zu den Wetzrillen:

Sie befinden sich am Dom, Domplatz 7, auf der Nordseite.

Insel im Kreuzteich

Treffpunkt des Argonauten-Ordens

Christof Bobzin hat sich für seine Arbeiten im Haus Entenfang viel mit der Geschichte der Riddagshausener Teiche
befasst. Vor allem, was die vielfältige Vogelwelt angeht, ist er
ein Experte auf seinem Gebiet. Doch wenn er bei einer Führung am Kreuzteich stehenbleibt, geht es nicht um Flora und Fauna,
sondern um einen geheimnisvollen Orden.

Bobzin deutet auf die größte der Inseln des Gewässers. „Auf dieser
Insel befand sich im 18. Jahrhundert der so genannte Wasserpalast. Er
war Treffpunkt des Argonauten-Ordens", erklärt er. Diesen geselligen
Orden, der scherzhaft freimaurerische Formen nachahmte, sich aber
vor allem mit Symbolen aus der Schifffahrt schmückte, hatte 1791 der
Riddagshausener Justitiar, Braunschweiger Hofrat, Schriftsteller und
ehemalige Freimaurer Paul August Schrader (1726-1780) gegründet.
Man traf sich auf der Insel im Kreuzteich. Und anders als bei den
Freimaurern, war der Argonauten-Orden auch Frauen zugänglich, was
der Geselligkeit sicherlich dienlich war. Mitglieder waren unter anderem der Jurist und vielseitige Schriftsteller August Siegfried von Goué
(1743-1789) und der Jurist, Schriftsteller und Reformator des Armen-
wesens in Braunschweig, Johann Anton Leisewitz (1752-1806).

Diese Versammlung nannte sich nach der Argonautensage. Sie
entstammt der griechischen Mythologie und muss sehr alt sein, denn
schon in der „Odyssee" des Homer erzählt die Zauberin Kirke dem
Helden, die Göttin Hera habe dabei geholfen, dass das Schiff Argo
sicher über die Meere gesegelt sei. Auch Herodot (5. Jhdt. v. Chr.)
bezieht sich in seinen „Historien" mehrfach auf die Argonauten. Jason,
um den Thron geprellter junger Königssohn, wird von seinem Gegen-
spieler auf die Idee gebracht, ein kostbares Widderfell, das bestens
bewachte Goldene Vlies, zu rauben. Der Usurpator hat den jungen
Mann zutreffend eingeschätzt: Dieses Abenteuer ist genau das Richtige
für ihn! Und so baut er zusammen mit den berühmtesten Helden des

*Zur Zeit des Argonauten-Ordens stand auf dieser Insel
der „Wasserpalast".*

griechischen Altertums das schnelle Schiff namens Argo und fährt mit ihnen los auf die Suche nach dem Goldenen Vlies.

Offensichtlich haben sich die Braunschweiger Herren mit den Helden und ihrem Unternehmen identifiziert, denn sonst hätten sie nicht diesen Namen gewählt. Mussten sie doch – wie diese – um zu ihrem Treffpunkt zu kommen, übers Wasser. Doch während die Argonauten vom Sturm an den Strand der Insel Lemnos geworfen und dort von schwerbewaffneten Frauen begrüßt werden, dürfte die Überfahrt auf die Insel im Kreuzteich problemlos gewesen sein. Und die dem Orden angehörenden Damen waren wohl von Anfang an überzeugt, dass die Gesellschaft der Herren durchaus angenehm sein könnte.

So waren die Braunschweiger Argonauten zwar durchaus – wie das mythologische Vorbild – auf Abenteuer eingestellt, doch hielten sich diese im fiktiven Rahmen: Man befasste sich vor allem mit einem Bestseller des 18. Jahrhunderts, der utopischen, 2.500 Seiten umfassenden Robinsonade in vier Teilen „Die Insel Felsenburg" von Johann Gottfried Schnabel (1692-1744/48). „Eine in Teilen auch heute noch sehr interessante und amüsante Lektüre", erzählt Bobzin, „die übrigens gar nicht so weit von hier in Stolberg im Harz entstanden ist. Die darin enthaltene Geschichte von Virgilia von Cattmers habe ich als Auszug gelesen und fand sie so spannend, dass ich später das gesamte Buch lesen musste." Früher habe wohl jedes Kind das Buch gekannt.

Christof Bobzin weiß: Um die heute baumbestandene Insel im Kreuzteich zu erreichen, muss man übers Wasser.

Der „Erfahrungsseelenkundler" – und somit Pionier der modernen Psychologie – Karl Philipp Moritz (1756-1793), der als junger Mann in Braunschweig seine Hutmacher-Lehre absolvierte, beschreibt die Faszination dieses Romans sehr schön in seinem autobiografischen Hauptwerk „Anton

Reiser": „Die Erzählung von der Insel Felsenburg hatte auf Anton eine sehr starke Wirkung; denn nun gingen eine Zeitlang seine Ideen auf nichts geringeres, als einmal eine große Rolle in der Welt zu spielen und erst einen kleinen, denn immer größern Cirkel von Menschen um sich her zu ziehen, von welchen er der Mittelpunkt wäre: dieß erstreckte sich immer weiter, und seine ausschweifende Einbildungskraft ließ ihn endlich sogar Thiere, Pflanzen und leb-

„Auf dieser Insel befand sich im 18. Jahrhundert der so genannte Wasserpalast. Er war Treffpunkt des Argonauten-Ordens."

lose Kreaturen, kurz alles, was ihn umgab, mit in die Sphäre seines Daseyns hineinziehen, und alles mußte sich um ihn, als den einzigen Mittelpunkt, umher bewegen, bis ihm schwindelte."

Schön, geheimnisvoll und aufregend zugleich muss diese gesellige Idylle im Wasserpalast auf der Insel inmitten des Riddagshausener Kreuzteichs gewesen sein für diejenigen, die daran teilnahmen! Aber so, wie Jason dann doch nicht König wurde – obwohl er das goldene Vlies mitbrachte – so hielt auch der Argonautenorden nicht ewig, sondern löste sich einige Jahre nach dem Hinscheiden seines Gründers auf. Und auch von dem so genannten Wasserpalast ist nichts mehr erhalten. Aber zumindest die Insel kann man nach wie vor vom Ufer aus sehen!

Georg Ruppelt

....

So geht's zur Insel im Kreuzteich:

Der Ortsteil Riddagshausen liegt im Osten von Braunschweig. Der Kreuzteich wird gesäumt von den Straßen Messeweg und Ebertallee im Osten und Süden sowie von den Fußgängern vorbehaltenen Wegen: Fischerweg, Gerhard-Schridde-Weg und Dr.-Wilke-Weg. Die Insel ist nicht zugänglich.

Isolde Helling weiß, welche Madame hier einst entlangfuhr.

41

Madamenweg
Der Pfad zum Schlösschen der Liebe

Man nannte sie Madame Rudolfine, obwohl sie so eigentlich nicht hieß. Ihr richtiger Name war Rosine Elisabeth Menthe (1663-1701) und sie war erst 18 Jahre alt, als sie den 54-jährigen Herzog Rudolf August (1627-1704), Herzog zu Braunschweig-Lüneburg und Fürst von Braunschweig-Wolfenbüttel, 1681 in morganatischer Ehe heiratete, das heißt, zur linken Hand. Diese Form der Eheschließung erlaubte es Menschen unterschiedlichen gesellschaftlichen Standes den Bund der Ehe zu schließen. So ganz gepasst hat das dem Herzog aber nicht, weshalb er betonte: „Eine rechte Liebe wolle auch eine rechte Hand haben, und solle sie seine rechte Gemahlin seyn." Auf diese charmante Weise versuchte er vielleicht, den rechtlichen und gesellschaftlichen Mangel, den eine Ehe zur linken Hand mit sich brachte, wettzumachen.

Als die beiden heirateten, war die erste Gemahlin des Herzogs, Christiane Elisabeth von Barby (1634-1681), erst vor wenigen Wochen verstorben, und Rosine Elisabeth Menthe war ihre Zofe gewesen. Mit dieser ehemaligen Zofe hat der „Madamenweg" zu tun, das ist eine rund vier Kilometer lange Straße, die sich im westlichen Ringgebiet befindet. Die Braunschweigerin Isolde Helling erzählt die Geschichte von Madame Rudolfine, die eigentlich Rosine heißt. „Die Straße selbst gab es schon länger", sagt sie. „Aber erst ab 1695 wurde sie Madamenweg genannt." Anfangs allerdings noch nicht offiziell: „Die Bevölkerung nannte den Weg aufgrund der nicht standesgemäßen Heirat des Herzogs zunächst nur scherzhaft so." Denn Madame Rudolfine und der Herzog fuhren hier oft entlang, wenn sie vom Grauen Hof, der Residenz in Braunschweig, zu ihrem Schlösschen im Westen wollten. Herzog Rudolf August hatte es ihr als Sommersitz geschenkt: Er hatte seiner Liebsten die Wasserburg in Vechelde 1695 zu einem Landschloss umbauen lassen.

Im Braunschweiger Adressbuch findet sich der Madamenweg seit 1860 – und er wird vielleicht auch so genannt, weil Rosine nie in den Adelsstand erhoben wurde, die Anrede „Madame" bezeichnete eine Bürgerfrau. „Entstanden war diese Straße um 1400 als Verbindung vom Hohen Tor zur alten Heer- und Handelsstraße", erzählt Isolde Helling. Seit dem Mittelalter hatte sie eine große Bedeutung als Verbindungsstraße vom östlich Braunschweigs gelegenen Magdeburg nach Hildesheim im Westen. Eine große Bedeutung hatte der Weg dann auch für den Herzog und seine Frau, die immer eine Madame blieb. Schließlich führte er ins Glück.

Eva-Maria Bast

....

So geht's zum Madamenweg:

Er erstreckt sich im Westen zwischen der Hannoverschen Straße und der A 391.

42

Just's Lichtlufthütte

„Kehrt wieder zur Natur zurück!"

W er im von Pawelschen Holz, einem Wäldchen an der westlichen Peripherie Braunschweigs, spazieren geht, kann mitten im Wald eine kleine Hütte entdecken. Ihr oberer Teil lässt Licht und Luft durch, doch ihr Zweck erschließt sich nicht ohne weiteres. „Es ist die Hütte, in welcher der Buchhändler Adolf Just seine Gesundheit wiederherstellte und die deshalb Ende des 19. Jahrhunderts weltweite Aufmerksamkeit erfuhr", klärt Buchhändler Joachim Wrensch, einer der Inhaber der Graff'schen Buchhandlung, über die Geschichte des kleinen Bauwerks auf. „Sie wurde eine Zeitlang ein regelrechter Wallfahrtsort für kranke Menschen", ergänzt sein Bruder Thomas.

Adolf Just wurde 1859 in Lüthorst im Königreich Hannover als ältestes von zwölf Kindern geboren. Die Eltern betrieben eine kleine Landwirtschaft und ein Gasthaus – wie in jener Zeit durchaus üblich. Der Ortspastor Georg Kleine war nicht nur ein fähiger und auf körperliche Gewalt verzichtender Pädagoge, sondern auch ein landesweit anerkannter Bienenexperte sowie Onkel und Erzieher von Wilhelm Busch (1832–1908), den er ebenso positiv beeinflusst hatte wie später Adolf Just. Kleine riet Just zu einem Besuch des Realgymnasiums in Goslar, das dieser mit dem Abitur verließ. Er ließ sich in Leipzig zum Buchhändler ausbilden und trat 1882 in die Graff'sche Buchhandlung in Braunschweig ein (siehe Geheimnis 22), in der er rasch wegen seiner Kenntnisse und seines Fleißes reüssierte.

Mitte der 1880er-Jahre begann ihn ein Nervenleiden zu quälen, das er mit den damals üblichen Heilmitteln nicht in den Griff bekam. Es war die Zeit der aufblühenden Naturheilkunde. Just wanderte von Braunschweig aus in den Harz, nahm an Kneippkuren teil, wurde Vegetarier, lehnte Bohnenkaffee, Rauchen und Alkohol strikt ab, aß stattdessen natürliche Lebensmittel, insbesondere Nüsse, und sah Honig und Kräuter als schmackhaften Ersatz für Zucker und Salz an.

Joachim Wrensch vor der Lichtlufthütte,
die im Pawelschen Holz steht.

153

Durch Beobachtungen und Experimente an sich selbst entstand eine zusammenhängende Naturheilkunde: „Ich selbst, nach einem zwölfjährigen Nervenleiden durch die Allopathie (etablierte, so genannte „Schulmedizin") an den Rand der Verzweiflung, bis an die Tür des Irrenhauses gebracht, fand allein durch die verschiedenen Anwendungen der Naturheilmethode und eine ganz gründliche viermonatige Kneippkur mit vegetarischer Lebensweise Linderung und schließlich durchschlagenden Heilerfolg und wahre Hilfe", berichtete er. Sein Glaubensbekenntnis lautete: „Die Natur irrt nicht, sie hat immer recht", anders gesagt: „Es gibt nur einen großen Arzt – die Natur". Im Verlag A. Graff erschien 1896 die Hauptschrift des wieder Gesundeten *Kehrt zur Natur zurück!*, sie wurde in zahlreiche Sprachen übersetzt und machte ihn besonders in den USA bekannt.

Berühmt wurde die von ihm gebaute Hütte im von Pawelschen Holz, seine „Lichtlufthütte", die man heute noch von einem Waldweg aus gut sehen kann. Sie hatte weder verschließbare Fenster noch Türen und bot auch sonst keinerlei Komfort. Zu dieser wanderte er nach dem Dienst in der Buchhandlung sommers wie winters hinaus und schlief dort bei wirklich jedem Wetter auf der blanken Erde. Diese Hütte entwickelte sich zu einem Wallfahrtsort für Gleichgesinnte.

Just schied aus der Buchhandlung Graff aus und gründete in Stapelburg das Sanatorium „Jungborn Eckertal", das großen Zulauf aus aller Welt erlebte. Sein berühmtester Gast war im Juli 1912 Franz Kafka, dem es einige

Die Lichtlufthütte im von Pawelschen Holz.

Mühe machte, sich daran zu gewöhnen, dass der möglichst stundenlange Aufenthalt in Licht und Luft nackt zu erfolgen hatte. So „konnte er sich tagelang nicht dazu überwinden, ohne ‚Schwimmhose' ins Freie zu treten", wie Reiner Stach in einem Buch über Kafka schreibt.

In Stapelburg lebte Just mit seiner Frau Maria und fünf Kindern sowie seinem Bruder und dessen Familie bis zu seinem Tod 1936. Er wurde in Blankenburg beerdigt. 1964 wurde der „Jungborn" im Zuge der innerdeutschen Grenzsicherung abgerissen, da das Gelände in der DDR-Sperrzone lag.

Sein Leben lang hattesich Just mit der seit dem Mittelalter angewandten so genannten Heilerde beschäftigt, deren Basis Löß ist. 1918 gründete er die Heilerde-Gesellschaft Luvos GmbH, die heute im hessischen Friedrichsdorf ansässig ist. Dem Namen von Adolf Just, seinem Konterfei und seiner Signatur kann man noch heute in jedem Drogeriemarkt begegnen. Auf der Gebrauchsinformation des Produktes „Adolf Justs Luvos Heilerde mikrofein" findet man etwa seinen von Lorbeer umrahmten Kopf als Schattenriss und darunter seine Unterschrift. Am Schluss des Beipackzettels heißt es: „Adolf Just, der ‚Vater' der Luvos Heilerde, stellte sein Lebenswerk unter den Leitsatz ‚Kehrt zur Natur zurück!' Für Adolf Just war Heilerde ‚das beste Heilmittel der Natur'."

„Die Hütte entwickelte sich zu einem Wallfahrtsort für Gleichgesinnte."

Und auch wenn vom Sanatorium „Jungborn" nichts mehr übrig ist: Die Lichtlufthütte bei Braunschweig überdauerte die Zeit und steht noch heute mitten im Wald – von Besucherscharen ist dort aber schon lange nichts mehr zu sehen.

Georg Ruppelt

....
So geht's zur Lichtlufthütte:

Mit Fahrrad, Auto oder Bus bis zur Bushaltestelle „von Pawelsches Holz" auf der Bundesallee. 200 Meter weiter in westlicher Richtung, dann nach rechts einbiegen in einen Waldweg; nach 150 Metern kann man die Hütte rechts im Wald gut sehen. Sie steht auf Privatgrund.

Die Hochwassermarke an der Katharinenkirche.

Hochwassermarke

Der Untergang eines Grabes

Wie es ist, vor lauter Scham im Boden zu versinken – das dürften die meisten Menschen wissen. Vor lauter *Wasser* im Boden zu versinken, dieses Kunststück brachten vermutlich nur Heinrich der Löwe und sein Sohn Heinrich fertig. Wenn auch posthum.

Doch der Reihe nach: *Wasserfluht 8. April 1808* steht auf einer weißen Tafel an der Katharinenkirche geschrieben. Zwischen dem

Datum und dem Wort „Wasserfluth" befindet sich ein Strich. „Der zeigt an, wie hoch das Wasser damals stand", erzählt Gästeführerin Anke Wickboldt. Wirklich bemerkbar machte sich das Hochwasser aber wohl vor allem in einer anderen Kirche: dem Dom. Das registrierte man jedoch erst im Zuge einer Öffnung des Gruftgewölbes Heinrichs des Löwen im Jahre 1814. Die „mehreren achtungswerthen Herrren", die mit dieser Aufgabe betraut waren, stellten fest, dass sich statt der erwarteten drei Särge nur ein Sarg darin befand, gingen der Sache aber wohl nicht weiter nach. Dabei war für den Autor Wilhelm Görges klar, wie er es Mitte des 19. Jahrhunderts in seinem Buch *Vaterländische Geschichten und Denkwürdigkeiten der Vorzeit* von 1843 beschreibt, dass „in Folge der Ueberschwemmung vom Jahre 1808, welche in der Kirche eine große Revolution anrichtete, die Särge tief in den Boden gesunken sind". Denn nach Görges sollen sich dort im Jahre 1707, als Herzog Anton Ulrich das Grab öffnen ließ, noch drei Särge befunden haben. Dabei solle es sich um die Grabmale „Heinrich 's des Löwen und seiner Gemahlin Mechtildis" und eines „jung verstorbenen Sohnes von Heinrich" handeln. Der Autor August Klingemann berichtet etwas Ähnliches: „Wahrscheinlich sind dieselben, bei einer großen Wasserfluth, welche im April des Jahres 1808 Braunschweig überschwemmte, und, ohne in die Kirche

> *„Der zeigt an, wie hoch das Wasser damals stand."*

selbst einzudringen, dennoch durch ihren, in der Tiefe wirkenden Andrang, die Gräber öffnete, und die Leichensteine sich in die Höhe richten ließ, so daß das Ganze einer eben eintretenden Auferstehung glich, vermöge ihrer Schwere, in den durchschlemmten Boden hinabgesunken(…)".

Das Hochwasser von 1808 war aber nicht das einzige, wie Anke Wickboldt zu berichten weiß. Zwei Hochwasser waren sogar menschengemacht. Zum einen 1605, als Herzog Heinrich Julius (1564-1613) Braunschweig belagerte und mit einem großen Damm bei der Ölper Mühle die Oker aufstauen ließ, der Hagenmarkt unter Wasser stand und die Mühlen nicht mehr mahlen konnten. Und dann kam es 1946 zu einem weiteren Hochwasser, als viele Wehre und Schleusen nach dem Krieg zerstört waren und sich in Ölper das Wasser staute. Ein natürliches Hochwasser, das Schäden an der Katharinenkirche verursachte, gab es unter anderem 1775 und 1994 ein besonders starkes, dabei wurden auch eine Gießerei in Melverode und die Mühle Rüningen überflutet.

Hier folgt nun ein ausgesprochen unrühmlicher Teil der Geschichte: Es waren nämlich ausgerechnet die Nationalsozialisten, die 1936 die tatsächlich tief versunkenen Särge aus der Erde holten. Dietrich Klagges (1891-1971), NSDAP-Mitglied und damaliger Ministerpräsident des Freistaates Braunschweig, wollte Heinrich den Löwen für seine Zwecke instrumentalisieren, indem er die Aufmerksamkeit des Führers auf sich und Braunschweig lenkte, um in der Parteihierarchie aufzusteigen. Auch die Nationalsozialisten hielten den großen Steinsarg für den Heinrichs des Löwen und erklärten die Behinderung an der Hüfte des Skeletts mit einem Reitunfall Heinrichs. Dabei wurde Mathilde nachweislich oft in einer Sänfte getragen und spätere Untersuchungen 1974 ergaben, dass es sich bei dem Skelett um eine dunkelhaarige Frau kleinerer Gestalt handelte. So liegt die Vermutung nahe, dass es sich bei den im Boden versunkenen Särgen wohl tatsächlich um die von Heinrich und seinem Sohn gehandelt hat, während Mathilde Oberwasser behielt. Sozusagen. Die Särge von Heinrich und Mathilde sind heute im Dom zu sehen.

Eva-Maria Bast

So geht's zur Hochwassermarke:

Die Hochwassermarke befindet sich an der Südseite der Katharinenkirche an der Westanlage. Adresse: An der Katharinenkirche 4.

Stolz steht der Löwe auf seinem steinernen Sockel.

Braunschweiger Löwe

Ein Wappentier unterwegs

Das Braunschweiger Wahrzeichen schlechthin, der Braunschweiger Löwe vor der Burg Dankwarderode, ist von der Wissenschaft unter vielen Aspekten untersucht, ja durchleuchtet und beschrieben worden. Die schöne Literatur hat ihn bedichtet und besungen. Die Faszination, die von diesem einzigartigen Standbild ausgeht, war und ist bedingt durch seinen künstlerischen Rang. Doch auch die Persönlichkeit des Welfen Heinrich des Löwen (1129/30-1195), Herzog von Bayern und Sachsen, die zwangsläufig bei der Begegnung mit dem Kunstwerk ins Bewusstsein des Betrachters tritt, spielt dabei eine Rolle. Der bronzene Löwe ist die älteste erhaltene Großplastik des Mittelalters nördlich der Alpen. Tausende von Menschen aus Stadt und Region, aus ganz Deutschland und der Welt, schauen sie sich jedes Jahr an und lassen sich unter ihr fotografieren. Wann genau sie entstand und wer sie erschaffen hat, wird

159

aber wohl für immer ein Geheimnis bleiben. Vermutlich stammt sie aber ungefähr aus der Mitte des 12. Jahrhunderts.

Dass es sich bei dem Tier, das auf dem Burgplatz bewundert wird, aber gar nicht um das Original handelt, wissen nur Eingeweihte wie der Braunschweig-Kenner und Löwenbegeisterte Jörg Porsiel. „Dieser Löwe stammt nicht aus dem 12. Jahrhundert, sondern wurde 1937 als originalgetreue Replik geschaffen", erzählt er. In dieser Zeit bereitete sich Deutschland bereits auf einen Krieg vor und traf Maßnahmen zur Evakuierung kostbaren Bibliotheks- und Museumsgutes. Daher hatte „die Replik von 1937 in den letzten Tagen des Zweiten Weltkriegs als Double auf dem Burgplatz die Rolle des Originals übernommen. Der Original-Löwe war in einem Stollen des Goslarer Rammelsberges eingesperrt worden, aus dem er im Oktober 1945 befreit und zurück nach Braunschweig gebracht wurde, wo ihn die Braunschweiger begeistert empfingen", erklärt Porsiel. Der damalige britische Kunstschutzoffizier Robert Lonsdale Charles hat seine Eindrücke von der Rückholaktion in seinem Tagebuch festgehalten: „Die Landarbeiter auf den Feldern sperrten Mund und Nase auf, als sie ihn vorbeifahren sahen, und ich konnte ihre Lippen sich bewegen sehen, wenn sie auf uns zeigten,

Jörg Porsiel unter der Replik des Braunschweiger Löwen auf dem Burgplatz.

lachten und riefen: ‚Der Braunschweiger Löwe!' … Gegen fünf Uhr kamen wir in Braunschweig an … Eine Menschenmenge versammelte sich um ihn und streichelte ihn, Mütter hoben ihre Kinder hoch, damit sie ihn sehen konnten … alles war sehr rührend." So kam der Löwe wieder an seinen alten Platz im damals fast völlig zerstörten Braunschweig zurück. Doch musste das Löwen-Original im Sommer 1980 und nach einer grundlegenden Restaurierung vom Burgplatz in die nur wenige Meter entfernte Burg Dankwarderode umziehen, um es vor den Folgen der Luftverschmutzung zu schützen. Seitdem steht also erneut die Replik von 1937 am traditionellen Standort.

Was der Löwe und Heinrich für die Braunschweiger bedeuten, zeigen etwa auch die ersten beiden Strophen eines längeren Gedichts von Friedrich Wilhelm Rogge aus dem Jahre 1857 an: *„In Braunschweig vor der Feste, / Da steht ein ehrner Leu, / Dem geht kein kundger Wandrer / Gedankenlos vorbei. / Der mahnt an einen Helden / Aus einer starken Zeit, / Der mahnt an große Taten, / An manchen harten Streit!"*
Auch dass der Löwe auf dem Burgplatz nicht die einzige originalgetreue Replik ist, dürfte nicht allgemein bekannt sein. Bis vor wenigen Jahren stand eine weitere im Lichthof des Braunschweigischen Landesmuseums und zog dann in eines der Museumsdepots um. Doch es gibt darüber hinaus noch weitere Nachbildungen des Braunschweiger Löwen außerhalb der Stadt. Sie stehen unter anderem in der renommierten Harvard University im nordamerikanischen Cambridge, in London im Victoria & Albert Museum oder auch in Blankenburg im Harz, Lübeck, Nürnberg, Ratzeburg, Weingarten und Schloss Wiligrad in Mecklenburg-Vorpommern.

Durch Büssing- und in der Nachfolge durch MAN-Fahrzeuge war und ist der Braunschweiger Löwe in der ganzen Welt präsent.

Zudem fuhr der Braunschweiger Löwe als Markenzeichen der 1903 gegründeten Braunschweiger Büssing AG auf der Kühlerfront der von dieser Firma hergestellten Lastwagen und Busse durch die ganze Welt. Auch der erste, 1904 zwischen Wendeburg und Braunschweig aufgenommene Bus-Linienverkehr fuhr mit Büssing-Bussen. 1971 übernahm die Firma MAN die Büssing-Werke, behielt aber den Löwen als Markenzeichen bei, der so noch heute auf den Straßen der Welt zu sehen ist.

Georg Ruppelt

....

So geht's zum Braunschweiger Löwen:

Er steht mitten auf dem Burgplatz.

Andreas Jäger macht die Grätsche – fast bis auf die Spurweite der Straßenbahn!

Dritte Schiene

Was Braunschweig mit Rio de Janeiro gemeinsam hat

E ine Straßenbahn braucht zwei Schienen. Das weiß jedes Kind. Warum aber liegen dann in Braunschweig, zum Beispiel direkt vor dem Schloss, drei Schienen je Richtung in der Straße? Also insgesamt sechs? „Die Braunschweiger Straßenbahn hat eine Besonderheit", erklärt Andreas Jäger. „Sie hat eine Spurweite von 1,10 Metern – und diese Spurweite gibt es weltweit nur noch bei insgesamt zwei Straßenbahnen: in Braunschweig und in Rio de Janeiro."

Nachdem die Straßenbahn in Braunschweig so gut angenommen wurde (siehe Geheimnis 05), habe es auch Pläne gegeben, eine Regio-Bahn zu bauen, also eine Kombination aus S-Bahn und Straßenbahn. „Und genau dafür hat man das dritte Gleis gebraucht: Es erweiterte auf die Spurweite der Deutschen Bahn, das sind 1.435 Millimeter. Auf der Spurweite von 1.100 Millimetern konnten die Züge der Deutschen Bahn nicht verkehren."

Rätselhaft: Wieso benötigt die Braunschweiger Straßenbahn offenbar drei Gleise?

Eigentlich sollte die Strecke ab 2014 in Betrieb genommen werden. „Doch letztendlich war das Vorhaben aus verschiedenen Gründen zu teuer und wurde auf Eis gelegt. An den meisten Stellen wurde das dritte Gleis wieder entfernt, hier aber ist es noch vorhanden", sagt Jäger und findet: „In zweierlei Hinsicht ein schönes Relikt. Es erinnert zum einen an die Bemühungen zur Einrichtung der Regio-Stadtbahn und zum anderen daran, dass wir außer Rio de Janeiro die einzige Straßenbahn mit einer Spurbreite von 1,10 Meter haben."

Eva-Maria Bast

So geht's zur dritten Schiene:

Sie verläuft direkt vor den Schlossarkaden im Bohlweg.

Ottilienteil

Historische Idylle mitten in der Stadt

E iner der Lieblingsplätze von Jörg Porsiel ist das „Stadtvier-
telchen" Ottilienteil, vor der deutschen Rechtschreibreform
1901 Othilientheil geschrieben. „Ottilienteil ist der heute
kaum noch bekannte ehemalige Name eines kleinen Platzes
im Ägidienviertel der Braunschweiger Innenstadt", verrät er.

„Die Geschichte des Ottilienteils reicht bis in das Mittelalter
zurück", erklärt Porsiel, der sich in Braunschweig so gut auskennt wie
in seiner eigenen Westentasche. „Zur Zeit seiner Entstehung war er
durch seine Lage am Rande der Ägidienfreiheit und direkt an der Oker
einst ziemlich abgeschieden." Heute ist er von drei Seiten zugänglich,
doch hat er sich seinen Charakter als von der lauten Außenwelt abgeschiedener, geschützter Raum bewahrt. Dieser Eindruck wird noch
dadurch verstärkt, dass man mit wenigen Schritten die verkehrsum-
toste Straßenkreuzung des John-F.-Kennedy-Platzes erreicht.

Der Name Ottilienteil wurde aufgehoben und der Platz der Ägidienstraße zugeordnet. Diese Straße ist nach der an ihr liegenden gotischen Ägidienkirche benannt, heute die katholische Hauptkirche in
Braunschweig. Wie ihr romanischer Vorgängerbau von 1115, der 1278
niederbrannte, war sie Abteikirche des von der Markgräfin Gertrud
der Jüngeren von Braunschweig gestifteten Benediktinerklosters St.
Maria und St. Ägidius. Im 12. Jahrhundert erlebte das Kloster eine
Blütezeit, vor allem durch den von der Gründerin initiierten Kult um
den heiligen Auctor, dessen Reliquien sie für Braunschweig erworben
hatte. Er wurde seit 1200 als Schutzpatron der Stadt Braunschweig
gefeiert. Seinem Andenken ist die St.-Auctor-Grabkapelle im Chor-
scheitel der Kirche gewidmet.

„Der Ottilienteil war ursprünglich Bestandteil eines Sonder-
rechtsbezirks innerhalb der Stadt Braunschweig, der die Ägidienkirche
umgab und als Ägidienfreiheit oder auch Klosterfreiheit bezeichnet
wurde", klärt Jörg Porsiel über den rechtlichen Status des um die Ägi-

*Jörg Porsiel im Durchgang von der Ägidienkirche
zum Ottilienteil.*

dienkirche gelegenen Gebiets im Mittelalter auf. Diese „Freiheit" war rechtlich dem Ägidienkloster zugeordnet und somit eigenständig und von der Stadt unabhängig. Und an anderer Stelle heißt es : „Im Mittelalter hielt hier der Vogt des Ägidienklosters jährlich dreimal ein öffentliches Gericht über die Hörigen des Klosters ab." Es waren also die Leibeigenen des Klosters, die Hörigen, die hier lebten. Die enge, sich stellenweise gegenseitig überlagernde Bebauung mit kleinen, schmucklosen Fachwerkhäusern deute darauf hin, dass der Ottilienteil in früheren Zeiten das Wohnquartier armer Bevölkerungsschichten war.

Ottilienteil: auch heute noch ein abgeschiedener, geschützter Raum.

„Der Ursprung des Namens Ottilienteil ist unklar", sagt Porsiel. Man habe versucht, ihn nach der früheren Bezeichnung „Sunte Ylien" von „Sankt Aegidien" abzuleiten, auch von „Thie", der Gerichtsstätte, oder von der früheren Bezeichnung „Zilkendei", die als Schmollwinkel gedeutet wurde. Nun, schmollen wird der Besucher dieser Idylle gewiss nicht, sondern sich zu jeder Jahreszeit an ihr erfreuen und dabei vielleicht auch ein wenig Abstand nehmen vom lauten Getriebe unserer Zeit – wie Jörg Porsiel, der den Ottilienteil seit seiner Kindheit immer wieder gern aufsucht.

Georg Ruppelt

So geht's zum Ottilienteil:

Der schönste Zugang zum ehemaligen Ottilienteil führt vom Haupteingang der St. Ägdienkirche aus über die Straße Hinter Ägidien 20 Meter in Richtung Osten und dort in die abwärts geneigte Ägidienstraße, dort beginnt der ehemals so genannte Ottilienteil.

Mario Wenzel-Becker zeigt einen seiner Lieblingsorte.

47

Portikus

Von der Kaserne zum Ort der Romantik

„Es ist einer meiner Lieblingsorte in Braunschweig", sagt Mario Wenzel-Becker, nachdem wir etwa 20 Minuten durch den Bürgerpark gegangen sind. Nachvollziehbar: Der Portikus erhebt sich malerisch hinter einem See und strahlt eine große Ruhe aus. Doch was macht ein Portikus ganz alleine an einem See? Im Grunde ist das wie eine Haustür ohne Haus.

„Tatsächlich gehörte zu dem Portikus mal weit mehr", sagt der Gästeführer. „Der Portikus war praktisch die Säulenhalle der August-kaserne." Die stand allerdings keineswegs an dem See im Park, sondern am heutigen John-F.-Kennedy-Platz. „Das war früher der Augustplatz und dort befand sich ein Stadttor, das August-Tor." Aber dieses Stadttor, eines der zehn Stadttore, die es ursprünglich gab, hieß anfangs Ägidientor, weil es in der Nähe der Ägidienkirche lag. Ende des 17. Jahrhunderts begann der Umbau der Wehranlagen in eine neuzeitliche Stadtfestung. Nach dem Abriss des alten Tores erhielt der um 1730 fertiggestellte Neubau auch einen neuen Namen.

Malerisch: der Säulenportikus am See.

Das Tor wurde nach Herzog August Wilhelm (1662-1731) nun „Augusttor" genannt.

Und wie lange gab es dieses Augusttor? „1805/06 wurde es umgebaut", sagt der Braunschweiger. Für den Umbau zur Hauptwache habe Peter Joseph Krahe (1758-1840) diesen Säulenvorbau entworfen. Das neu gestaltete Augusttorgebäude mit dem schönen dorischen Portikus aus Elmkalkstein wurde seit 1832 als Artilleriekaserne genutzt. „Die Kaserne bestand bis 1894, beheimatete zunächst eine Artillerie-Batterie, dann zwei Schwadronen des Husaren-Regiments. Bis 1826 diente sie außerdem als Militärgefängnis. 1895 hatte die Kaserne dann aber ausgedient und wurde abgerissen." Abgerissen? „Nicht ganz", konkretisiert Wenzel-Becker: „Der von Krahe, Leiter des Bauwesens im Herzogtum Braunschweig, entworfene Portikus konnte gerettet werden."

Und wie gestaltete sich diese Rettung? Nun kommt eine weitere Person ins Spiel: Gartenarchitekt Friedrich Kreiß (1842-1915), der seit

1884 das Amt eines Herzoglichen Promenaden-Inspektors bekleidete. Der hatte sich Gedanken darüber gemacht, wie man die baumlosen und sumpfigen Flussauen der Oker zu einem Park für die Bürger umgestalten könnte. Fast zwanzig Jahre lang beschäftigte er sich mit dem Vorhaben, das anfangs durchaus keine Zustimmung fand, doch seit 1886 begann die Umsetzung seiner Planungen für das Gelände an der Oker. „Er ließ sogar einen Teich anlegen – und an dessen Südrand wurde 1896 der beim Abriss der Augustkaserne gerettete Säulenportikus aufgestellt. Das flugs wiederaufgestellte Gebäude bekam sogar eine vorgelegte Treppenanlage", sagt Wenzel-Becker.

„Tatsächlich gehörte zu dem Portikus mal weit mehr. Der Portikus war praktisch die Säulenhalle der Augustkaserne."

Und dort steht es nun seit über 100 Jahren? Ganz so unbehelligt kam der Portikus nicht davon. Im Zweiten Weltkrieg wurde er schwer beschädigt. Bei Parksanierungsarbeiten im Jahr 1989 wurden die Kapitelle und eingestürzten Säulenteile wiederentdeckt und im Park aufgestellt.

So können noch heute Spaziergänger des Wegs zu dem zwar ruinenhaft, doch malerisch dastehenden Säulenportikus kommen, staunen, schauen, rätseln. Und manchmal tauscht vielleicht auch ein Liebespaar einen verstohlenen Kuss unter den prachtvollen dorischen Säulen.

Eva-Maria Bast

So geht's zum Portikus:

Vom Lessingplatz kommend, durch die Nimes-Straße gehen und geradeaus in die Parkanlage spazieren. Dann kommt man nach etwa 300 Metern zum Teich, an dessen Ende sich der Portikus prachtvoll erhebt.

[Photo at top of page]

48

Museumspädagogin Inka Schlaak weiß, was es mit dem mittelalterlichen Christuskopf an der Michaeliskirche auf sich hat: Er soll Glück bringen.

Christuskopf
Glück durch Berührung

Wer nicht weiß, wo er es suchen muss, der übersieht das steinerne Christus-Porträt an der Ostseite der alten St. Michaeliskirche. So geht es täglich vielen Hunderten von Menschen, die hier vorbeikommen. Doch wer Braunschweig mit der ehrenamtlichen Museumspädagogin und Stadtführerin Inka Schlaak erkundet, dem entgeht dieses geschichtsträchtige Detail nicht. Sie weist auf den aus Stein herausgehauenen Kopf in etwa 1,60 Meter Höhe hin. Von seinem Antlitz ist kaum noch etwas zu erkennen, denn in früheren Jahrhunderten haben Tausende von Menschen, die durch das – heute nicht mehr vorhandene – Michaelistor die Stadt betraten oder verließen, den Kopf berührt. Das nämlich sollte Glück bringen.

Inka Schlaak erzählt: „Es war im frühen 12. Jahrhundert – damals wurde die Güldenstraße, an der die Michaeliskirche liegt, noch aurea platea oder Gold-Straße genannt – als ein vermögender Kaufmann und Bauer, der keine Erben hinterließ, ein Grundstück für den Bau einer Kirche spendete." In seinem Testament habe er seine Wünsche formuliert. So sollte auf dem Grundstück eine Kirche gebaut werden, in der es Fremden, Verbannten und Armen vergönnt wäre, einen Gottesdienst zu besuchen, auch wenn sie nicht Mitglieder der Gemeinde waren. „Der Erblasser hatte selbst bei seinen Reisen in andere Städte darunter gelitten, dass ihm dort der Besuch der Andacht untersagt wurde, da er fremd war und somit nicht der Gemeinde zugehörig", erklärt Inka Schlaak. Die neue Kirche wurde inmitten eines Friedhofs für Verbannte, Fremde und Arme am Michaelistag 1157, also am 29. September, vom Hildesheimer Bischof Bruno eingeweiht.

„An der Ostseite der St. Michaeliskirche", fährt die Stadtführerin fort, „zur aurea platea hin, wurde der Christus-Kopf eingelassen. Für damalige Verhältnisse sicher ein gewagter Schritt, denn zuvor konnten die Gläubigen in Braunschweig dem Gottessohn nicht auf Augenhöhe begegnen." Den Überlieferungen nach gab es wohl kaum ein Pferdefuhrwerk oder eine Person, die nicht davor angehalten hätte, um mit einer Handbewegung über das Gesicht zu streichen und so um Gottes Beistand für die folgende Reise zu bitten. Aber auch fremde Händler, die durch das Michaelistor ihr Ziel oder ihre Zwischenstation erreicht hatten, bedankten sich bei Christus, dass sie sicher angekommen und von Räubern oder Raubrittern verschont geblieben waren.

Im Laufe der Jahrhunderte veränderte sich die Güldenstraße immer wieder, und der Christuskopf geriet in Vergessenheit. Achtlos passieren heute Radfahrer und Fußgänger den Engpass an der St. Michaeliskirche, ohne zu ahnen, an welchem geschichtsträchtigen Bildnis sie in unserer schnelllebigen Zeit vorbeihetzen!

Georg Ruppelt

....

So geht's zum Christuskopf:

Man erreicht ihn an der Ostseite der Güldenstraße, wenige Schritte nach der Einmündung in die Straße An der Michaeliskirche.

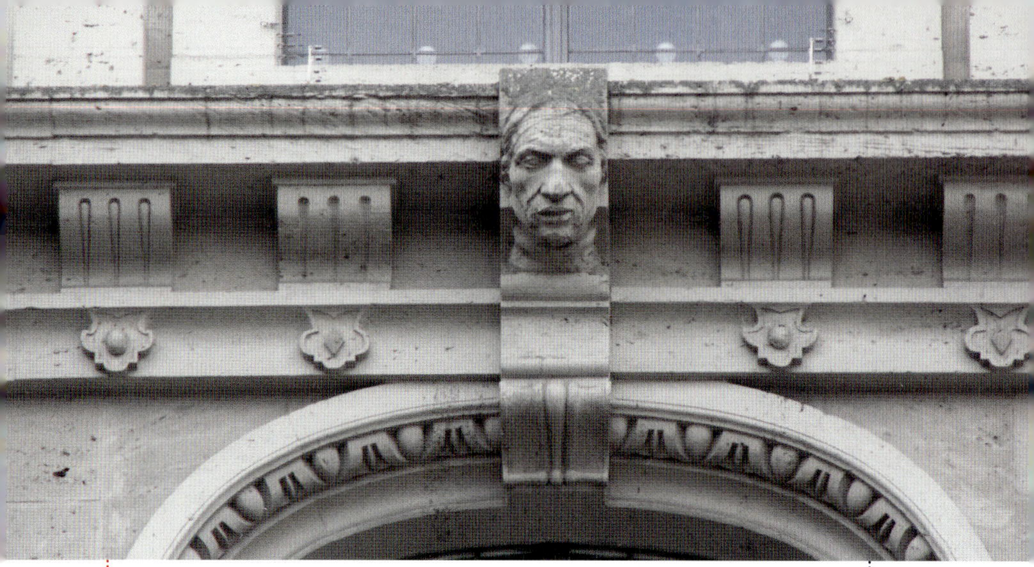

Gestatten? Picasso. Pablo Picasso.

49

Picasso

Ein Genie in Steinform

Picasso? Kennt man vor allem in zweidimensionaler Form. Pablo Picassos (1881-1973) Werke sind sowohl in Museen als auch an den Wohnzimmerwänden wohlhabender Kunstliebhaber zu entdecken. Picasso dreidimensional hingegen ist eher untypisch! In Braunschweig aber gibt es ihn, den dreidimensionalen Picasso. Allerdings handelt es sich nicht um ein Werk des Künstlers, sondern um den Künstler selbst. Er guckt aus der Fassade des Gewandhauses heraus.

„Eigentlich fängt die Geschichte damit an, dass das Gewandhaus, das im Mittelalter Sitz der Städtischen Kaufleute und der Zünfte war, im Zweiten Weltkrieg bei einem Bombenangriff im Oktober 1944 schwer zerstört wurde", sagt die Historikerin Elke Frobese. 1946 kam es durch ein Unwetter zusätzlich zu einem Einsturz des Giebels. „Nur zwei Jahre später begann dann aber schon der Wiederaufbau durch die

Architekten und Bildhauer Friedrich Wilhelm Kraemer, Jakob Hofmann, Kurt Edzard und Karl Paul Egon Schiffers", erzählt Elke Frobese. „Und bei diesem Wiederaufbau entstand dann auch die kleine Picasso-Skulptur." Doch der Steinmetz hat den Kopf so geschickt angebracht und so sehr an den historischen Giebel angepasst, dass man schon sehr genau hinsehen muss, um ihn zu entdecken.

Aber das Gewandhaus hat nicht nur einen echten Picasso, sondern auch noch den ältesten Gastronomiekeller Niedersachsens. Bereits 1329 erhielt das altehrwürdige Gebäude einen Weinkeller und gut 20 Jahre später das Schrankprivileg. Hier konnten nun Wein, Bier und auch die Braunschweiger Spezialität, die „Mumme", genossen werden. Unter Mumme versteht man dunkles Bier aus unterschiedlichen Bestandteilen. Braunschweigs Exportschlager wurde aufgrund der langen Haltbarkeit bis nach Indien

Der Picasso-Kopf beindet sich in der Mitte dieser Fassade.

und in die Karbrik verschifft. Nachzulesen im Braunschweigischen Bierbuch von 1723: Es geht um „die Mumme, welche ein angenehmer, wohlriech- und schmeckender Gersten-Safft ist, so in der Stadt Braunschweig gekochet, und wegen ihrer Vortrefflichkeit die Tag und Nacht gleichmachende Linie passiret und bis in beyde Indien verfahren wird, worin sie es allen andern Bieren zuvor thut". Ob der Steinmetz nach Genuss der Mumme den Mumm für die kleine Picasso-Darstellung gefunden hat, wäre reine Spekulation – aber ein köstlicher Gedanke.

Eva-Maria Bast

So geht's zu Picasso:

Der Steinkopf befindet sich am Ostgiebel des Gewandhauses oberhalb der Wappen. Das Gewandhaus steht am Altstadtmarkt 1.

Jörg Porsiel kennt die Okerburg von Kindheit an.

50

Okerburg

Wie die Schlaraffen einen Dichter erfanden

n seiner Kindheit hat der engagierte Braunschweiger Freizeit-historiker Jörg Porsiel ganz in der Nähe der „Okerburg" gewohnt, so der Gebäudename im Volksmund. Als reifer Erwachsener hat er dann die Geschichte des unter Denkmalschutz stehenden, sehr auffälligen Gebäudes in der Hochstraße 21 recherchiert und gibt über seine Rechercheergebnisse gern Auskunft. Das architekturstilistisch kaum einzuordnende Gebäudekonglomerat stammt im nördlichen

Teil aus dem Jahr 1859, im südlichen aus dem Jahr 1905. Porsiel: „Der Südteil nimmt Elemente auf, die man vom Braunschweiger Dom und der Burg Dankwarderode entlehnt hat. Der auffällige Wehrturm und die Nähe zur Oker dürfte wohl verantwortlich für die Bezeichnung Okerburg sein."

Der 1859 gebaute Gebäudeteil war ursprünglich eine Gießhalle, errichtet von Georg Ferdinand Howaldt (1802-1883), einem Braunschweiger Erzgießer, Metalltreiber und Professor am Collegium Carolinum. Ihm verdankt Braunschweig den Guss des Lessingdenkmals und der allegorischen Frauengestalt von Stadt und Land Braunschweig „Brunonia" mit Viergespann auf dem Residenzschloss. Auch die Reiterstandbilder der beiden Braunschweiger Herzöge davor, Karl Wilhelm Ferdinand und dessen Sohn Friedrich Wilhelm, genannt der „Schwarze Herzog" sind von ihm. Der Howaldtsche Familienbetrieb bestand bis zu seinem Konkurs 1906.

„Das Gebäude", so Porsiel, „wurde 1912 vom Verein Schlaraffia Brunsviga erworben und mehrfach umgebaut. Im Zweiten Weltkrieg erlitt es erhebliche Beschädigungen."

Bis heute ist es die „Schlaraffenburg" der Braunschweiger Schlaraffen, so die Bezeichnung der schlaraffischen Vereinslokale, in denen diese sich zu ihren „Sippungen" (Zusammenkünften) treffen. Schlaraffia ist ein 1859 in Prag gegründeter, weltweiter, deutschsprachiger Männerbund zur Pflege von Freundschaft, Kunst und Humor. Schlaraffen haben sehr eigene Regeln und Wortschöpfungen, sind aber kein Geheimbund.

Den Celler und Braunschweiger „Reychen" der Schlaraffen, so die Bezeichnung der örtlichen Gruppen, ist 1970 ein Coup gelungen, der zunächst ein Geheimnis der besonderen Art war und der seinesgleichen sucht: Wenn in schlaraffischen Kreisen von „unserem Otto" die Rede ist, dann ist damit nicht der welfische Kaiser

„Der Südteil nimmt Elemente auf, die man vom Braunschweiger Dom und der Burg Dankwarderode entlehnt hat."

Otto IV. aus dem 13. Jahrhundert gemeint, auch sind es nicht die sächsischen oder ostfriesischen Ottos. Es geht um Otto Bögeholz. Otto wer? Bögeholz, Otto Bögeholz! Nie gehört vom großen niedersächsischen Heimatdichter aus dem 19. Jahrhundert? Das ist insofern erstaunlich, als sich für sein Werk im 21. Jahrhundert offenbar eine Renaissance abzeichnet. 2002 wurde sein Gedichtband „Alles ist Gefühl", der 1985 erstmals erschien, erneut aufgelegt. Und 2005 kam sein zweites Buch „Gefühl ist alles" heraus. Jedes gut 160 Seiten stark und interessant illustriert.

Ottos Leben (er selbst fordert in einem Gedicht: „Drum sei von mir aus Euer Motto: / Nennt mich ganz einfach Euren Otto"), sein Leben also ist in diesen Büchern und im Internet gut dokumentiert. 1805 in Tatenhausen geboren und eben dort 1895 auch gestorben, war er Zeitgenosse vieler bedeutender Schriftsteller, denen er sich auch im Geiste verbunden fühlte, wie etwa Storm, Keller, Löns oder Busch.

1859/1905 erbaut, zeigt das Gebäude Stilelemente des Doms und der Burg Dankwarderode.

Letzterer habe ihm – so steht es in „Alles ist Gefühl" – 1887 seinen „Humoristischen Hausschatz" mit einer umfänglichen Widmung zugesandt:

Mein lieber Otto! Wieder mal / Bekommst du Post aus Wiedensahl / Von Wilhelm, der als Humorist / Dir ein guter Freund geworden ist. / Ich ließ den Faberstift flanieren, / um heit're Weisheit zu skizzieren, / die dann, in knappen Reim gerafft, / die Bosheit und die Dummheit straft. / [...]
Prost, Otto! Fühl bei der Lektüre, / dass Dich mein Händedruck berühre / mit Dank, dass Du so wortgewaltig / und journalistisch vielgestaltig — / was ich besonders gern vermerke – / mich inspiriert zu diesem Werke. / In Wiedensahl und Tatenhausen / soll es durch alle Lüfte brausen: / In Freundschaft ein besond'rer Tusch / für Bögeholz! Dein Wilhelm Busch

Doch nicht nur in Büchern hat Otto Bögeholz seine Spuren hinterlassen. Wer in Braunschweig-Watenbüttel durch das dortige Dichterviertel flaniert, findet Namen wie Morgensternweg, Ringelnatzstraße, Sudermannstraße und eben auch eine Otto-Bögeholz-Straße. Seit den 1970er-Jahren heißt sie so und würdigt eine Person, die – nie existiert hat!

Einem Schlaraffen gelang es damals, der Stadt den angeblichen Heimatdichter unterzuschieben. „Bei der Suche nach heimatlichen Künstlern und Schriftstellern erfolgte nämlich von einem Schlaraffen in Braunschweig der Vorschlag, doch im Neubaugebiet von Watenbüttel diesem berühmten Mann eine Straße zu widmen. Auch da herrschte Ratlosigkeit, und der freundliche Hinweis auf die Landesbehörde und doch einmal den dortigen Bögeholz-Experten zu befragen, wurde gern angenommen. (…) Nun hatte der Braunschweiger Schlaraffe allerdings einen Schlaraffen-‚Bruder‘ in der Landeshauptstadt als Fachmann benannt, die Anfrage wurde selbstverständlich entsprechend positiv beantwortet (…)“, wie der Braunschweiger Thomas Ostwald schreibt.

Und die Stadtväter und -mütter bewiesen Humor, nachdem alles herausgekommen war. Das Straßenschild trägt schon lange die Zusatztafel: „von den ‚Schlaraffen‘ erfundener Heimatdichter“.

Ein Bauwerk, das daherkommt, als sei es Dom und Burg zugleich, sollte dem ahnungslosen Passanten noch lange kein Vertrauen einflößen, denn ausschlaggebend ist, wer sich darin niedergelassen hat. So ist es den in der Okerburg residierenden Schlaraffen schon lange vor Beginn des postfaktischen Zeitalters möglich gewesen, ihren Mitmenschen einen real nicht existierenden Dichter aufzubinden, von dem man sprichwörtlich sagen müsste, es sei ein Bär gewesen. Und wer der Autor hinter dem erfundenen Autor ist, das ist ein Geheimnis, das die Schlaraffen wohl nie und nimmer preisgeben werden.

Georg Ruppelt

....

So geht's zur Okerburg:

Die Okerburg steht in der Hochstraße 21.

Quellen, Literatur, Bildnachweis

Armenat, Gabriele: Frauen aus Braunschweig. Braunschweig 1991, S. 16-18.

Bauer, Fritz: „Bodo Kampmanns ‚Justitia‘". In: Braunschweig. Berichte aus dem kulturellen Leben. Nr. 1/1957, Braunschweig 1957.

Bein, Reinhard: Zeitzeugen aus Stein. Band 1. Braunschweig 1930–1945. Braunschweig 1997.

Bein, Reinhard; Vogel, Bernhardine: Nachkriegszeit. Das Braunschweiger Land 1945 bis 1950. Materialien zur Landesgeschichte. Braunschweig 1995, S. 273.

Berg, Britta: „Eulenspiegelbrunnen". In: Luitgard Camerer, Manfred Garzmann, Wolf-Dieter Schuegraf (Hrsg.): Braunschweiger Stadtlexikon. Braunschweig 1992, S. 68.

Biedermann, Edwin A.: Logen, Clubs und Bruderschaften. 2. Aufl. Düsseldorf 2007.

Biegel, Gerd; Klein, A. (Hrsg.): Carl Theodor Ottmer. 1800–1843. Braunschweigischer Hofbaumeister – Europäischer Architekt. Ausstellungskatalog des Braunschweigischen Landesmuseums aus Anlass des 200. Todestages von Carl Theodor Ottmer. Braunschweig 2000.

Blasius, Rudolf (Hrsg.): „Braunschweigische Straßenbahn". In: Braunschweig im Jahre MDCCCXCVII. Festschrift den Theilnehmern an der LXIX Versammlung Deutscher Naturforscher und Aerzte. Braunschweig 1897, (Digitalisat), S. 589.

Böttcher, Dirk; Mlynek, Klaus; Röhrbein, Waldemar R. und Thielen, Hugo (Bearb.): „Stechinelli". In: Hannoversches biographisches Lexikon. Von den Anfängen bis in die Gegenwart. Hannover 2002, S. 345.

Boockmann, Andrea: Burgplatz 2a. DI 35, Stadt Braunschweig I, Nr. 409†. In: http://www.inschriften.net/braunschweig-bis-1528/inschrift/nr/di035-0409.html#content. Abgerufen am 19.05.2017.

Boockmann, Andrea: Inschriften im Braunschweiger Dom. URL: http://www.inschriften.net/braunschweig-bis-1528/inschrift/nr/di035-0024.html#content. Abgerufen am 12.04.2017.

Bornstedt, Wilhelm: Chronik von Stöckheim. Siedlungsgeographie, Sozial- und Kulturgeschichte eines Braunschweigischen Dorfes. Braunschweig 1967.

Braunschweig.de: „Auseinandersetzungen Landesherren". URL: http://www.braunschweig.de/leben/stadtportraet/geschichte/auseinandersetzungen_landesherren.html. Abgerufen am 11.04.2017.

Braunschweig.de: „Bürgerpark". URL: https://www.braunschweig.de/leben/im_gruenen/gruenanlagen/Buergerp.html. Abgerufen am 11.04.2017.

Braunschweig.de: „Haus Entenfang. Geschichte". URL: http://www.braunschweig.de/leben/umwelt_naturschutz/natur/natur_landschaft_schutz/haus_entenfang/haus_entenfang_geschichte.html. Abgerufen am 27.12.2016.

Braunschweig.de: „Gründungssage". URL:

https://m.braunschweig.de/leben/stadtportraet/geschichte/gruendungssage.html. Abgerufen am 11.04.2017.

Braunschweig.de: „Haus zu den sieben Türmen". URL: https://www.braunschweig.de/tourismus/ueber-braunschweig/sehenswuerdigkeiten/_hauszudensiebentuermen.html. Abgerufen am 11.04.2017.

Braunschweig.de: „Kohlmarkt". URL: https://www.braunschweig.de/tourismus/ueber-braunschweig/sehenswuerdigkeiten/_kohlmarkt.html. Abgerufen am 11.04.2017.

Braunschweig.de: „Novemberrevolution". URL: http://www.braunschweig.de/leben/stadtportraet/geschichte/novemberrevolution.html. Abgerufen am 27.01.2017.

Braunschweig.de: „Portikus". URL: https://www.braunschweig.de/tourismus/ueber-braunschweig/sehenswuerdigkeiten/blik/kulturdenkmaeler/portikus.html. Abgerufen am 11.04.2017.

Braunschweig.de: „Reformation". URL: http://www.braunschweig.de/leben/stadtportraet/geschichte/reformation.html. Abgerufen am 12.04.2017.

Braunschweig.de: „St. Ulrici-Brüdernkirche". URL: http://www.braunschweig.de/tourismus/ueber-braunschweig/sehenswuerdigkeiten/_st_ulrici-bruedernkirche.html. Abgerufen am 11.04.2017.

Braunschweiger Dom: „Kunst – Wandmalereien". URL: http://www.braunschweigerdom.de/dom/layout_storage/ueberdom_kunst.php. Abgerufen am 12.04.2017.

Braunschweig-Touren: „Till Eulenspiegel". URL: http://www.braunschweig-touren.de/Seiten/Till_Eulenspiegel.htm. Abgerufen am 23.04.2017.

Braunschweiger Zeitung (Hrsg.): Die Bomben-Nacht. Der Luftkrieg vor 60 Jahren. Spezial-Heft Nr. 10, Braunschweig 2004.

Braunschweiger Zeitung: Kriegsende. Braunschweig 2005.

Camerer, Luitgard: „Graff Buchhandlung und Antiquariat". In: Braunschweiger Stadtlexikon. Braunschweig 1992, S. 91.

Cantor, Moritz: „Gauß, Karl Friedrich". In: Allgemeine Deutsche Biographie (ADB). Band 8, Leipzig 1878, S. 430-445.

Chemnitz, Martin. URL: http://www.martin-chemnitz-bs.de/index.php/martin-chemnitz. Abgerufen am 19.12.2016.

Diestelmann, Dieter: Braunschweig. Kleine Stadtgeschichte. Regensburg 2014.

Dorn, Reinhard: Mittelalterliche Kirchen in Braunschweig. Hameln 1978.

Dürre, Hermann: Geschichte der Stadt Braunschweig im Mittelalter. Braunschweig 1861 (Digitalisat).

Ernst, Wolfgang: „Überlebensorte – Bunker in Braunschweig. Von der Planung bis zur Gegenwart". In: Braunschweiger Werkstücke. Band 108. Braunschweig 2006.

Feuerstein-Praßer, Karin: Caroline von Braunschweig. Englands ungekrönte Königin. Regensburg 2009.

Garzmann, Manfred: „Brabandt, Henning". In: Camerer, Luitgard; Garzmann, Manfred; Schuegraf, Wolf-Dieter (Hrsg.):

Braunschweiger Stadtlexikon. Braunschweig 1992, S. 38.

Gebrüder Grimm: Heinrich der Löwe. URL: http://gutenberg.spiegel.de/buch/br-753/272. Abgerufen am: 02.05.2017.

Giesau, Peter: „St. Michaelis". In: Braunschweiger Stadtlexikon. Braunschweig 1992, S. 158.

Görges, Friedrich: Der von Heinrich dem Löwen Herzoge von Sachsen und Baiern, erbauete Sanct Blasius Dom zu Braunschweig und seine Merkwürdigkeiten, und die Erbbegräbnisse der Fürsten des Hauses Braunschweig-Lüneburg zu Braunschweig und Wolfenbüttel. Braunschweig 1820.

Görges, Wilhelm; Spehr, Ferdinand: Vaterländische Geschichten und Denkwürdigkeiten der Vorzeit der Lande Braunschweig und Hannover o.J., S. 471-474.

Görges, Wilhelm: Vaterländische Geschichten und Denkwürdigkeiten der Vorzeit, mit vielen Abbildungen von Städten, Flecken, Dörfern, Burgen, Schlössern, Klöstern, Kirchen, Alterthümern u. der Lande Braunschweig und Hannover, größtentheils, wie dieselben vor 200 Jahren sich darstellten, nebst Portraits und andern nöthig erachteten Veranschaulichungen. Braunschweig 1843.

Götz, Karla: „Braunschweiger Buchhändler schrieb vor 100 Jahren Naturlehre". In: Braunschweiger Zeitung vom 17. Juli 1996.

Gosebruch, Martin (Hrsg.): Der Braunschweiger Löwe. Bericht über ein wissenschaftliches Symposion in Braunschweig vom 12.10. bis 15. Oktober 1983. Schriftenreihe der Kommission für Niedersächsische Bau- und

Kunstgeschichte bei der Braunschweigischen Wissenschaftlichen Gesellschaft. Göttingen 1985.

Gosebruch, Martin; Jordan, K.: 800 Jahre Braunschweiger Burglöwe. 1166-1966. Braunschweiger Werkstücke. Bd. 38. Braunschweiger Werkstücke. Reihe A: Veröffentlichungen aus dem Stadtarchiv und der Stadtbibliothek. Bd. 1. Braunschweig 1967.

Grußendorf, Heinrich: „Von Kasernen in Braunschweig". In: Jahrbuch des Braunschweiger Landwehrverbandes. Jahrgang 9, Braunschweig 1932, OCLC 833359183, S. 43-47.

Hammelmann, Iris: 111 Mal Wissen: Geheimbünde. München 2010, S. 60.

Haucap-Naß, Anette: „Der Braunschweiger Stadtschreiber Gerwin von Hameln und seine Bibliothek". In: Wolfenbütteler Mittelalter-Studien. Herausgegeben von der Herzog August Bibliothek, Band 8. Wiesbaden 1995, S. 297 f.

Hesse, Anja: Vernetztes Gedächtnis: Topografie der nationalsozialistischen Herrschaft in Braunschweig 1930 bis 1945. Braunschweig 2003.

Herodot: Historien. Stuttgart 1971, S. 304, 509.

Hodemacher, Jürgen: Braunschweigs Straßen – ihre Namen und ihre Geschichten, Band 1: Innenstadt. Cremlingen 1995, S. 76 f.

Höltge, Dieter: Die Braunschweiger Straßenbahn. Personen-Nahverkehr in Braunschweig. München 1997.

Holzhausen, Joachim: „Die Schulgebäude und ihre Standorte". In: Schulbilder aus

Braunschweig. 575 Jahre Martino-Katharineum. 1415-1990. Kollegium des Gymnasiums Martino-Katharineum (Hrsg). Braunschweig 1990, S. 10-19.

Illustrirte Zeitung: Das herzogliche Residenzschloß zu Braunschweig. Nr. 29, 13. Januar 1844, Leipzig 1844, S. 43–44 (Digitalisat).

Imperium Romanum.com: „Theodosius II.". URL: http://imperiumromanum.com/personen/kaiser/theodosius2_04.htm. Abgerufen am 11.04.2017.

Istanbulreiseleiter: Haus der sieben Türme – Yedikule Festung.   URL: http://www.istanbulreiseleiter.de/?p=73. Abgerufen am 10.04.2017.

Jahn, Günter: Der Altstadtmarkt in Braunschweig. Geschichte und Geschichten. Braunschweig 1988.

Jarck, Horst-Rüdiger; Lent, Dieter u. a. (Hrsg.): Braunschweigisches Biographisches Lexikon, 8. bis 18. Jahrhundert. Braunschweig 2006, S. 465.

Kimpflinger, Wolfgang: Denkmaltopographie Bundesrepublik Deutschland. Baudenkmale in Niedersachsen. Band 1.1.: Stadt Braunschweig. Teil 1. Hameln 1993.

Klingemann, August: Kunst und Natur. Blätter aus meinem Reisetagebuch. Braunschweig 1821.

Krause, Heiko: Daten zum ersten Staatsbahnhof Deutschlands. URL: http://www.heiko-krause.de/staatsbahnhof/datenzum.html. Abgerufen am 21.12.2016.

Lechner, Auguste: Die Sage vom Goldenen Vlies. Würzburg 1990.

Lehmann, Wilhelm: Das Gemeinschaftshaus (Roxy) in der Südstadt von Braunschweig. Braunschweig 1993.

Lotz, Erich Walter: Der Wiederaufbau des Gewandhauses in Braunschweig, Sonderdruck aus „Baumeister", Heft 11. München1953.

Luckhardt, Jochen; Niehoff, F. (Hrsg.): Heinrich der Löwe und seine Zeit. Herrschaft und Repräsentation der Welfen 1125–1235. Katalog der Ausstellung. 3 Bände. München 1995.

Lufft, Peter: Braunschweigs Plastiken im Stadtbild seit 1945. Kulturberichte Nr. 6, Kulturamt der Stadt Braunschweig. Braunschweig 1989.

Luther: „95 Thesen". URL: http://www.luther.de/leben/anschlag/95thesen.html. Abgerufen am 21.05.2017.

Mittmann, Markus: Bauen im Nationalsozialismus. Braunschweig, die „Deutsche Siedlungsstadt" und die „Mustersiedlung der deutschen Arbeitsfront" Braunschweig Mascherode. Ursprung – Gestaltung – Analyse. Mit Architektur-Handbuch Siedlungen und Wohnungsbau in Braunschweig 1933-1945. Hameln 2003, S. 126 f.

Mlynek, Klaus: „Otto I. das Kind, Herzog von Braunschweig-Lüneburg". In: Hannoversches biographisches Lexikon. Hannover 2002.

Moderhack, Richard: Braunschweigische Landesgeschichte im Überblick. Quellen und Forschungen zur Braunschweigischen Geschichte, Bd. 23. Braunschweig 1979.

Moderhack, Richard: Braunschweiger Stadtgeschichte. Braunschweig 1997.

Nentwig Heinrich: Das ältere Buchwesen in Braunschweig. Harrassowitz 1901, S. 19.

Nordsieck, Robert und Eleveld, Martina: Die lebende Welt der Weichtiere. URL: http://www.weichtiere.at/Schnecken/land.html?/Schnecken/land/clausiliidae2.html. Abgerufen am 04.01.2017.

Novalis: Schriften. Die Werke Friedrichs von Hardenberg. Erster Band: Das dichterische Werk. Hrsg. von Paul Kluckhohn und Richard Samuel. Stuttgart 1960, S. 502.

Olesch, Bernd: Adolf Just – ein Leben für die Naturheilkunde. Friedrichsdorf 2002.

Ostwald, Thomas: „Braunschweigs skurrile Ecken und andere Merkwürdigkeiten. Folge 14: Warum es in Watenbüttel eine Otto-Bögeholz-Straße gibt. 3. März 2016". In: Der Loewe. Das Portal der braunschweigischen Stiftungen. URL: http://www.der-loewe.info/der-erfundene-heimatdichter/. Abgerufen am 05.03.2017.

Ostwald, Thomas: „Die Kanonenkugel, die wohl niemals flog". In: Der Loewe. URL: http://www.der-loewe.info/die-kanonenkugel-die-wohl-niemals-flog/. Abgerufen am 04.04.2017.

Otte, Wulf: „Heinrich der Löwe in Eisen". In: Braunschweigisches Landesmuseum. Informationen und Berichte. Braunschweig 1987, S. 34-38.

Otte, Wulf; Luckhardt, J.; Niehoff, F. (Hrsg.): Heinrich der Löwe und seine Zeit. Herrschaft und Repräsentation der Welfen 1125-1235. Band 3: Nachleben. München 1995, S. 215-216.

Pingel, Norman-Mathias: „Argonauten-Orden". In: Garzmann, Manfred R.W.; Schuegraf, W.-D. (Hrsg.): Braunschweiger

Stadtlexikon. Ergänzungsband. Braunschweig 1996.

Pingel, Norman-Mathias: „Gewandhaus". In: Braunschweiger Stadtlexikon. Braunschweig 1992. S. 88.

Pingel, Norman-Mathias: „Howaldt". In: Camerer, Garzmann, Schuegraf, Pingel (Hrsg.): Braunschweiger Stadtlexikon. Braunschweig 1992, S. 111.

Pingel, Norman-Mathias: „Howaldt, Georg, Ferdinand, Prof." In: Jarck, Scheel: Braunschweigischen Biographische Lexikon. 19. und 20. Jahrhundert. Hannover 1996, S. 291.

Priem, Torsten: „Die Geschichte der Maria-Magdalenen-Kapelle in Braunschweig vom Mittelalter bis zu ihrem Abbruch im Jahre 1955". In: Braunschweigisches Jahrbuch für Landesgeschichte, Band 90. Braunschweig 2009, S. 215-241.

Römer, Christoph: „Faule Mette". In: Braunschweiger Stadtlexikon. Braunschweig 1992.

Ruhlender, Margot: Büketubben: Geschichte der Badekultur in Braunschweig von 1671–1993. Braunschweig 1994, S. 143, 144.

Ruppelt, Georg: Braunschweig, mein Braunschweig. Literarische Annäherungen. Hameln 2004, S. 12 f.

Ruppelt, Georg: „Und daß du so mein Herz gewannst,/macht bloß weil du so dichten kannst!!" Literarisches Leben des 19. und beginnenden 20. Jahrhunderts im niedersächsischen Raum. Springe 2010, S. 63.

Sack, Carl Wilhelm: „Die Befestigung der Stadt Braunschweig". In: Archiv des

Historischen Vereins für Niedersachsen. Historischer Verein für Niedersachsen (Hrsg.), Hannover 1848, S. 226 f.

Schabespuren.de: Wetzrillen am Braunschweiger Dom. URL: http://www.schabespuren.de/wetzrillen/index.php?title=Braunschweig&redirect=no. Abgerufen am 25.04.2017.

Schaub, Hermann: Als Wiedenbrück evangelisch war. Fachwerkfassaden erhellen die Wiedenbrücker Reformationsgeschichte. URL: http://www.lwl.org/westfaelische-geschichte/txt/wz-8473.pdf. Abgerufen am 04.05.2017.

Schwarz, Brigide: „Eine ‚Seilschaft‘ von Klerikern aus Hannover im Spätmittelalter". In: Quellen und Forschungen aus italienischen Archiven und Bibliotheken. Band 81. Berlin 2001, S. 256-277.

Schwarz, Ulrich: „Ludolf Quirre (gest. 1463). Eine Karriere zwischen Hannover, Braunschweig und Halberstadt". In: Braunschweigisches Jahrbuch. Band 75, Selbstverlag des Braunschweigischen Geschichtsvereins, Braunschweig 1994, S. 29-72.

Schwarz, Ulrich: „Ludolf Quirre". In: Jarck, Horst-Rüdiger; Lent, D. (Hrsg.): Braunschweigisches Biographisches Lexikon – 8. bis 18. Jahrhundert. Braunschweig 2006, S. 459.

Schwarz, Ulrich: „Ludolf Quirre (ca. 1395–1463), Dompropst von Halberstadt. Der langsame Aufstieg eines Bürgers in der Kirche". In: Freitag, Werner (Hrsg.): Mitteldeutsche Lebensbilder. Menschen im späten Mittelalter. Böhlau 2002, S. 183-202.

Schnell, Rüdiger: Lachen im Mittelalter. URL: https://www.unibas.ch/de/Forschung/Uni-Nova/Uni-Nova-118/Uni-Nova-118-Lachen.html. Abgerufen am: 04.05.2017.

Sommerfeld, Martin: Deutsche Volksbücher. Aufgrund der Erneuerungen von Karl Simrock durchgesehen und mit einem Nachwort herausgegeben. Berlin o.J., S. 328 f.

Spehr, Ludwig Ferdinand: „Brabant, Henning". In: Allgemeine Deutsche Biographie 3 (1876), S. 227-231. URL: https://www.deutsche-biographie.de/gnd118672908.html#adbcontent. Abgerufen am 23.04.2017.

Spies, Gerd (Hrsg.): Der Braunschweiger Löwe. Braunschweiger Werkstücke. Bd. 62. Reihe B: Veröffentlichungen aus dem Städtischen Museum. Bd. 6. Braunschweig 1985.

Spieß, Werner: Geschichte der Stadt Braunschweig im Nachmittelalter. Band 1. Braunschweig 1966.

Spreckelmeyer, Goswin: „Otto das Kind, Herzog". In: Braunschweiger Stadtlexikon. Braunschweig 1992.

Stach, Reiner: Kafka. Die Jahre der Entscheidung. Frankfurt, 2. Auflage 2004, S. 85.

Steinführer, Henning: Der Braunschweiger Eulenspiegelbrunnen. Braunschweig 2014.

Vehse, Karl Eduard: Geschichte der Höfe des Hauses Braunschweig, 5. Theil: Die Hofhaltungen zu Hannover, London und Braunschweig. Hamburg 1853.

Vernetztes Gedächtnis: „Besenmännchenintro". URL: http://www.vernetztes-gedaechtnis.de/besenmaennchenintro.htm. Abgerufen am 23.12.2016.

Wagener-Fimpel, Silke: „Stechinelli". In: Jarck, Horst-Rüdiger; u.a. (Hrsg.): Braunschweigisches Biographisches Lexikon. 8. bis 18. Jahrhundert. Braunschweig 2006, S. 672-73.

Waltershausen, Wolfgang Sartorius von: Gauss zum Gedächtniss. Leipzig 1856; Neuauflage Leipzig 2012.

Wedemeyer, Bernd: Das ehemalige Residenzschloß zu Braunschweig. Eine Dokumentation über das Gebäude und seinen Abbruch im Jahre 1960. Braunschweig 1993.

Wehking, Sabine: „DI 56, Stadt Braunschweig II, Nr. 648(†)". In: Inschriften.net. URL: www.inschriften.net, urn:nbn:de:0238-di056g009k0064809. Abgerufen am 15.04.2017.

Wex, Reinhold: „Burg Dankwarderode". In: Camerer, Luitgard; Garzmann, Manfred; Schuegraf, Wolf-Dieter (Hrsg.): Braunschweiger Stadtlexikon. Braunschweig 1992, S. 52.

Wikipedia: „Ägidienkirche (Braunschweig)". URL: https://de. wikipedia.org/wiki/Aegidienkirche_ (Braunschweig) Abgerufen am 12.02.2017.

Wikipedia: „Andreasfriedhof (Braunschweig)". URL: https://de. wikipedia.org/wiki/Andreasfriedhof_ (Braunschweig). Abgerufen am 04.01.2017.

Wikipedia: „Arnold Kramer". URL: https:// de.wikipedia.org/wiki/Arnold_Kramer. Abgerufen am 23.04.2017.

Wikipedia: „Befestigungsanlagen der Stadt Braunschweig". URL: https://de.wikipedia. org/wiki/Befestigungsanlagen_der_Stadt_ Braunschweig. Abgerufen am 11.04.2017.

Wikipedia: „Bombenangriff auf Braunschweig am 15. Oktober 1944". URL: https://de.wikipedia.org/wiki/ Bombenangriff_auf_Braunschweig_ am_15._Oktober_1944. Abgerufen am 29.01.2017.

Wikipedia: „Buchhandlung Graff". URL: https://de.wikipedia.org/wiki/ Buchhandlung_Graff. Abgerufen am 01.12.2016.

Wikipedia: „Carl Friedrich Gauß". URL: https://de.wikipedia.org/wiki/Carl_ Friedrich_Gauß. Abgerufen am 26.04.2017.

Wikipedia: „Eiserner Heinrich (Braunschweig)". URL: https://de. wikipedia.org/wiki/Eiserner_ Heinrich_%28Braunschweig%29. Abgerufen am 04.01.2017.

Wikipedia: „Eulenspiegel-Brunnen (Braunschweig)". URL: https://de. wikipedia.org/wiki/Eulenspiegel-Brunnen_ (Braunschweig). Abgerufen am 23.04.2017.

Wikipedia: „Faule Mette". URL: https:// de.wikipedia.org/wiki/Faule_Mette. Abgerufen am 04.01.2017.

Wikipedia: „Friedrich Wilhelm (Braunschweig-Wolfenbüttel)". URL: https://de.wikipedia.org/wiki/Friedrich_ Wilhelm_(Braunschweig-Wolfenbüttel). Abgerufen am 20.05.2017.

Wikipedia: „Haus Leuenturm". URL: https://de.wikipedia.org/wiki/Haus_ Leuenturm. Abgerufen am 12.02.2017.

Wikipedia: „Herzogtum Braunschweig Regentschaften". URL: https://de.wikipedia. org/wiki/Herzogtum_ Braunschweig#Regentschaften. Abgerufen am 20.05.2017.

Wikipedia: „Liberei". URL: https://de.wikipedia.org/wiki/Liberei. Abgerufen am 06.04.2017.

Wikipedia: „Martino-Katharineum Braunschweig". URL: https://de.wikipedia.org/wiki/Martino-Katharineum_Braunschweig. Abgerufen am 14.04.2017.

Wikipedia: „Novemberrevolution in Braunschweig". URL: https://de.wikipedia.org/wiki/Novemberrevolution_in_Braunschweig. Abgerufen am 12.02.2017.

Wikipedia: „Okerburg". URL: https://de.wikipedia.org/wiki/Okerburg. Abgerufen am 10.03.2017.

Wikipedia: „Ottilienteil". URL: https://de.wikipedia.org/wiki/Ottilienteil. Abgerufen am 13.12.2016.

Wikipedia: „Otto I. (Braunschweig)". URL: https://de.wikipedia.org/wiki/Otto_I._(Braunschweig). Abgerufen am 05.01.2017.

Wikipedia: „Schlaraffia". URL: https://de.wikipedia.org/wiki/Schlaraffia. Abgerufen am 10.03.2017.

Wikipedia: „St. Magni (Braunschweig)". URL: https://de.wikipedia.org/wiki/St._Magni_(Braunschweig). Abgerufen am 04.01.2017.

Wikipedia: „St. Michaelis (Braunschweig)". URL: https://de.wikipedia.org/wiki/St._Michaelis_(Braunschweig). Abgerufen am 12.12.2016.

Wikipedia: „Stöckheim (Braunschweig)". URL: https://de.wikipedia.org/wiki/Stöckheim_(Braunschweig). Abgerufen am 04.01.2017.

Wikipedia: „Straßenbahn Braunschweig". URL: https://de.wikipedia.org/wiki/Straßenbahn_Braunschweig. Abgerufen am 15.04.2017.

Wille, Klaus-Dieter: „Der Brand des Braunschweiger Schlosses am 23. Februar 1865. Ein Augenzeugenbericht". In: Der Herold. Vierteljahrsschrift für Heraldik, Genealogie und verwandte Wissenschaften. Neue Folge Bd. 19, 58. Jg. 2015, Heft 3-4, S. 230-238.

Wimmer, Walter: Schnecken entdecken mit Victor von Koch (1840–1915). Braunschweig 2009. Braunschweigische Landschaft im Blick. Bd. 7.

Wimmer, Walter: Victor v. Koch – Den Schnecken auf der Spur. Braunschweig 2002.

Wunderlich, Wilhelm M.: „Amsberg". In: Jarck, Horst-Rüdiger; Scheel, G. (Hrsg.): Braunschweigisches Biographisches Lexikon. 19. und 20. Jahrhundert. Hannover 1996, S. 27.

Wunderlich, Wilhelm M.: Die erste deutsche Staatseisenbahn. Braunschweig-Wolfenbüttel. Cremlingen 1987.

Bildnachweis

S. 9: Foto Dr. Georg Ruppelt von Maike Kandziora

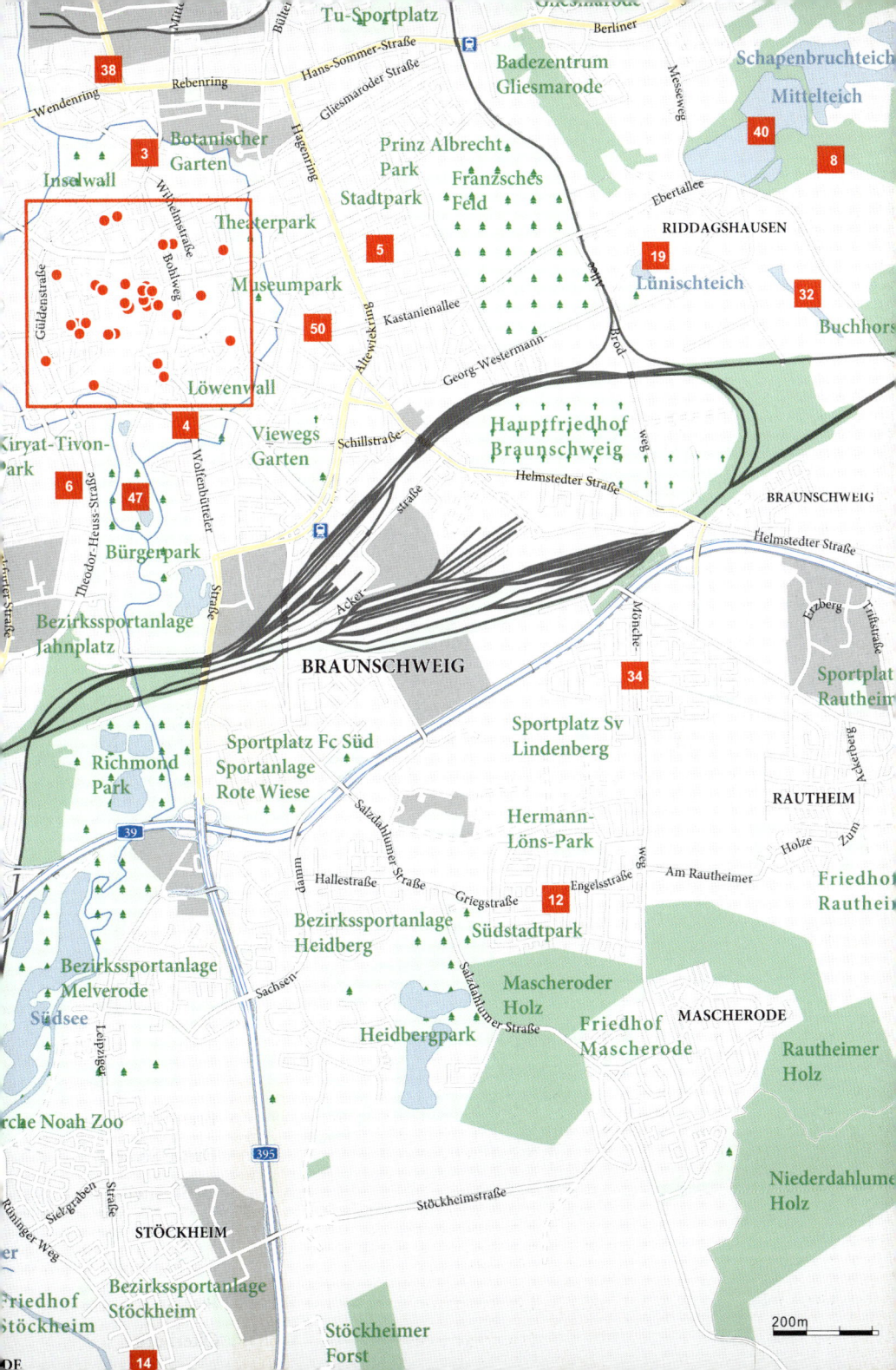

SIE WOLLEN NOCH MEHR ÜBER

Braunschweig

WISSEN?

....

Hier gibt es sachkundige Informationen:

Elke Frobese M.A.
Stadtführungen, Kostümführungen
und Vorträge zur Geschichte
Braunschweigs.
Telefon: 0531/514861
E-Mail: elke.frobese@t-online.de
Homepage:
www.zeitreisen-braunschweig.de

Andreas Jäger
Besondere Stadtführungen durch
Braunschweig mit Geschichten, die
hinter der Geschichte stehen,
Busbegleitung und Führungen als
fiktive oder historische Figur.
Im Schapenkamp 3
38104 Braunschweig
Telefon: 0177/8095718
E-Mail: info@andreas-jaeger.de
Homepage: www.andreas-jaeger.de/
stadtfuehrungen.htm

Jürgen Köpke
Mit Nachtwächter Hugo durch das
Magniviertel.
Jasperallee 19
38102 Braunschweig
Telefon: 0531/23429432,
0173/9283370
E-Mail: info@nachtwaechter-hugo.de
Homepage:
www.nachtwaechter- hugo.de
Öffnungszeiten: jeden Freitagabend
um 20:00 Uhr vor dem Städtischen
Museum

Heiko Krause
Informationen zum ersten
Staatsbahnhof Deutschlands in
Braunschweig
Bild und Information Sammlung
Juliusstraße 31f
38118 Braunschweig
Telefon: 0531/82398 (19.30-20 Uhr)
E-Mail: Info@staatsbahnhof-
braunschweig.de
Homepage: www.staatsbahnhof-
braunschweig.de

Städtisches Museum Braunschweig
Führungen zur Stadtgeschichte,
historische Filmvorführungen und
Sonderausstellungen
Altstadtmarkt 7
38100 Braunschweig
Telefon: 0531/4704551
E-Mail: museum@braunschweig.de
Öffnungszeiten: Di.-So. von 10-17
Uhr

Mario Wenzel-Becker
zertifizierter Gästeführer (IHK),
Honorarmitarbeiter bei Braunschweig
Stadtmarketing GmbH,
Braunschweigisches Landesmuseum,
Museumspädagogik,
Staatl. Naturhistorisches Museum,
Museumspädagogik,
Stiftung Residenzschloss Braunschweig,
Museumspädagogik,
Braunschweiger Turn- u. Sportverein
Eintracht 1895,
Landgericht Braunschweig,
(Führungen durch das Gebäude.)
Viewegstraße 20
38102 Braunschweig
Telefon: 0531/7999116, 0170/6514702
E-Mail:
mario.wenzel-becker@htp-tel.de
Homepage:
www.braunschweig-entdecken.de

Anke Wickboldt
Stadtführungen in Braunschweig zu
Fuß oder mit dem Fahrrad, Fahrten
in die Region im eigenen Reisebus,
spezielle Themenführungen und die
besondere Führung „Allerlei Kurioses
am Wegesrand".
Wendenmaschstraße 13
38114 Braunschweig
Telefon: 0531/23429472,
0171/1467262
E-Mail: anke.wickboldt@t-online.de
Homepage:
www.stadtfuehrungen-braunschweig.de

Publikationen:

Hempel, Joachim; Wolter-von dem
Knesebeck, Harald (Hrsg.): Die
Wandmalereien im Braunschweiger
Dom St. Blasii. Regensburg 2014.

Krause, Heiko: Eine Multimediale
Zeitreise: Vom ersten Staatsbahnhof
Deutschlands zum heutigen
Ottmerbau. Video DVD Produktion
(Filmcollage). Braunschweig 2013.

Raue, Paul-Josef: Der Domprediger.
Ein Gespräch mit Joachim Hempel
über Gott und die Welt, über Luther,
Braunschweig und die Menschen.
Edition Braunschweiger Zeitung 09.
Essen 2014.

Haftungsausschluss

Trotz intensiven Austauschs mit unseren Gesprächspartnern, gewissenhafter Literaturrecherche und aufmerksamem Korrekturlesen erheben wir weder einen Anspruch auf Vollständigkeit noch auf Fehlerlosigkeit. Wir haben streng darauf geachtet, keine Urheberrechte zu verletzen, unsere Recherchen sind nach bestem Wissen und Gewissen erfolgt. Dennoch übernehmen wir keinerlei Gewähr für die Aktualität, Korrektheit oder Vollständigkeit der bereitgestellten Informationen. Haftungsansprüche gegen uns schließen wir grundsätzlich aus.

ERINNERUNGEN AN MEINEN VATER
KONRAD ADENAUER

von Libet Werhahn-Adenauer,
aufgeschrieben von Catharina Aanderud